ビジネス
インテリジェンスを
育む教育

著者代表　内野 明

専修大学商学研究所叢書９

東京　白桃書房　神田

序　文

商学研究所叢書刊行にあたって

専修大学商学研究所は，2001（平成13）年に創立35周年記念事業の一環として，研究所員および学外の研究者，実務家などとの産学協同的な研究を志向するプロジェクト・チーム研究をスタートさせるとともに，その研究成果を広く世に問うための商学研究所叢書の公刊を開始した。それ以降，既に「金融サービス」，「マーケティング」，「中小企業」，「コミュニティ・ビジネス」，「環境コミュニケーション」，「コーポレートガバナンスと企業倫理」，「マーケット・セグメンテーション」，「企業経営とリスクマネジメントの新潮流」をテーマにした８巻の研究叢書が公刊されてきている。

『ビジネスインテリジェンスを育む教育』と題する本叢書は，本叢書シリーズ第９巻であり，情報技術の側面から社会科学系大学の学部教育の問題を取り上げ，最新の情報技術による教育支援を考察することを目的としている。

本プロジェクト・チームによる研究は，2006年度から2008年度にかけて実施された。３年目の2009年3月14日には，商学研究所主催の公開シンポジウムを開催し，プロジェクト・メンバーによる報告とワークショップ「体験：ネットワーク対戦型ビールゲーム」が行われた。

本書が他の叢書とともに学内外の多くの関係者に知的刺激を与え，商学研究所も社会からのフィードバックを受ける双方向の研究の進展を祈念している。

専修大学商学研究所の活動は，海外の研究所との国際提携に基づく共同研究，民間企業との産学連携型受託研究など，多様な広がりをみせている。プロジェクト・チームによる研究も継続的に行われており，今後も商学研究所叢書シリーズとして刊行される予定である。こうした諸活動に関して，関係各位がいっそうご協力いただくことを願っている。

末尾になるが，本プロジェクト・チーム所属のメンバー各位，および同チームにご協力いただいた学内外すべての方々に厚くお礼申し上げたい

2010年3月

専修大学商学研究所所長　渡辺達朗

まえがき

『ビジネスインテリジェンスを育む教育』という書名の本書を手にされたとき，皆さんはどのような内容を想像されたでしょうか。タイトルが長いので，副題は省きました。もしサブタイトルをつけるとすると「情報技術（IT）を利用した学部教育」，コンピュータ技術のネットワークの側面を強調したICT（Information and Communication Technology）を用いて「ICTを利用した学部教育」としたかもしれません。副題をつけると，本書はICTを意識したものであること，ターゲットが学部教育であることがわかります。

コンピュータにかかわる世界にかかわる方は，Business Intelligence，通常はBIと略称される応用領域をご存じのはずです。BIは，蓄積されたデータの中から，有用な情報をどのように捜し出すかというデータマイニング技術を含むデータの蓄積，検索にかかわる領域で，データの専門家の手によるというより，経営者や社員が直接必要な情報にアクセスし，分析し，利用することを目ざした概念として1989年に提唱されました。知識経営（Knowledge Management）が特に話題となった90年代末より，KMのための技術を包含した領域としてBIはよく使われるようになっています。もちろんわれわれもこのBIも意識しました。もしも本書のタイトルが「BI技術を利用した学部教育」だったとすると，われわれも読んでみたいと思うが，かなりマニアックな，しかしターゲットが極めて絞られた内容となるでしょう。

しかしながら，本書のタイトルは上記のBIから直接派生したものではありません。専修大学商学部では毎年入学生に学習ガイドブックを配布しています。2003年４月以降のガイドブックには，商学部の教育理念として「時代を先取りするビジネス・インテリジェンスを育てる」を掲げています。ビジネスに必要とされる実践的な知識及び技術ならびに倫理観等の教育研究を通して，社会的事象の本質を理解し，真に行動を起こすことのできる人材を養成することを商学部では目的としているわけです。

本書は，この意味でのビジネスインテリジェンスを育み，伸ばすための，社会科学系の学部教育における，最新の情報技術による教育支援を考察するものです。

専修大学商学研究所における「ビジネスインテリジェンスを育む教育」という本書と同名のプロジェクト（2006年４月から2009年３月；以下本プロジェクトと略す）が母体となっています。商学研究所における複数年の研究プロジェクトとして商学部所属の情報系の４名が共同研究を始めたのが出発点です。情報系といっても各自の研究領域はそれぞれ異なり，全員が一致するのが，教育の実践で何らかの形で情報技術の利用を常に意識していることでした。また，経営数学会の科研費プロジェクトを通じて，意識的ではないにせよこのテーマについて各自がすでに研究を進めていたという背景があります。

本書は，上記のプロジェクトメンバーに加えて，経営数学会などで継続的に情報支援による教育に関する研究を公表している１名，横浜国立大学経営学部特色GP「ビジネスゲームを利用した体験型経営学教育」のコアメンバーであり，本プロジェクトの研究発表にご協力いただいた２名，知的財産権が専門で，情報倫理，e-Learningの専門家で商学部の情報教育に携わる１名の計８名の著者によって書かれています。教育学を系統的に学んだ者はいないものの，情報技術を利用しながら，ビジネスインテリジェンスを育むために日々社会科学系の学部教育に携わっているメンバーから構成されています。

目次

序文…… i

まえがき…… ii

第1章 ビジネスインテリジェンスを育む教育

1 ビジネスインテリジェンスとは何か……1
2 本章の構成……6
3 問題状況の確認……7
4 学力とは何か……15
5 情報通信技術（ICT）の教育へのインパクト……21

第2章 思考スキルとしてのモデリングとシミュレーション

はじめに……29
1 複雑なシステムのマネジメント……31
2 モデルとモデリング……34
3 シミュレーション……39
4 むすび……45

第3章　eラーニング

はじめに……49
1　eラーニングをめぐる議論の概要……50
2　eラーニングシステムによる単独学習支援……56
3　eラーニングシステムによる集合学習支援……61
4　eラーニングシステムによる進捗管理支援……66
5　おわりに……68

第4章　ビジネスゲームによる体験型教育

1　経営学教育とビジネスゲーム……73
2　eラーニングの適用……78
3　ビジネスゲームの教育効果……80
4　ビジネスゲームのプラットフォーム……84
5　ビジネスのモデリングとシミュレーション……90
6　今後の展望　教育から研究，問題解決へ……92

第5章 社会科学系の数学教育における知識ベースの利用

はじめに……99
1 推論エンジンシミュレーション法……99
2 推論エンジンシミュレーション法による金融工学数学の解法……102
3 まとめ……120

第6章 クラウドコンピューティングによる学習ツールの構築

1 大学でのクラウドコンピューティングの必要性……123
2 大学で利用されているクラウド，ネットワークシステム……125
3 WEB ベースの学習システム……127
4 Web ベースの学習システムの技術的側面……140

第7章 オンライン型SCMゲームの開発と実践

はじめに……149
1 ビールゲーム……150
2 ビジネスゲーム開発実行システムYBG……153
3 YBGによるビールゲームの実装……155
4 携帯電話を活用したビールゲーム……157
5 エクセルによるビールゲームシミュレータ……161
6 オンライン版ビールゲームの実施結果とその分析……167
7 おわりに……170

第8章 表計算機能によるシステム構築学習 －コンピュータ会計の教材開発を通じて－

1 問題意識……173
2 コンピュータ会計……175
3 システムの構築学習の中核部分……183
4 おわりに……189

第1章 ビジネスインテリジェンスを育む教育

1 ビジネスインテリジェンスとは何か

(1) コンピュータの世界におけるBI

コンピュータの世界におけるビジネスインテリジェンス(Business Intelligence), BIとは，ハワード・ドレスナー氏が1980年代末に創案したとされ，彼が所属していた米国ITの調査会社であるガートナー・グループによって1990年代になって提唱された概念である[1)]。その定義は技術進歩や時代への適応のため徐々に変化していて確固たるものは存在しない。ここでは「ビジネスインテリジェンスは，ビジネス向きで結果志向の情報を供給するために，ある一部あるいはすべてのデータソースから新しいフォームにする意図的な，秩序だった形でのデータ変換である[2)]」と「ビジネスにおける意思決定に有用な情報を得るため，企業が持つデータを収集，加工，蓄積，分析，活用するために必要なテクノロジとその運用・実践・高度化におけるフレームワークや方法論[3)]」という２つの定義を引用しておく。

大量のデータの中から重要な情報を見つけ出す技術のことを，金鉱掘をもじって，データマイニング(Data Mining)と名づけたIBMは，1995年にGBIS(Global Business Intelligence Solutions) というセールスグループを設置した。IBMでは，BIを解析技術の複雑性から５つの段階に分けて，個々の分野の解析技術の発展と経営への適用を促進しようとした[4)]。第１段階がデータ検索＆レポーティング (Complex Data Query)，第２段階が統計解析 (Statistics)，第３段階が多次元解析 (Multi-Dimensional Analysis) またはOLAP (Online Analytical Processing)，第４段階がデータマインイング，そして第5段階が最適化分析

（Optimization）である。

Complex Data QueryからMulti-Dimensional Analysisまでの3段階は仮説検証型手法（Verification Method）と呼ばれ，意思決定者がある仮説を持ち，それを検証するための手法である。Data MiningとOptimizationの分野は，発見型手法（Discovery Method）と呼ばれ，新しい仮説を生むための分析手法とされる。これらの５段階については，各段階の技術を応用したBIソフトパッケージがソフトベンダーから開発，発売されてきている。

企業は大量のデータをデータベースの形で持っている。そのデータはコンピュータシステムによって日々更新されて最新のデータになっている。このデータベース全体に格納された情報の総量は莫大なものであるかもしれない。

しかし，データベースが更新される動きを細かく見ると，発生したデータがデータベースにため込まれて日々単純に情報量が膨れ上がっているわけではないことがわかる。企業は様々なデータベースを持っており，それぞれのデータベースは最新の情報しか持っていない。すなわち，データベースを更新するための，日々の取引データは，データベースを更新する役目を終えると情報システムのバックヤードにデジタル情報として蓄積されてしまう。従って，最新のデータベースの後ろには，その何十倍，何百倍の取引に使われた歴史的データが存在する。このような蓄積されたデータを何とか活用しようと，生まれたのがデータウェアハウスである。データウェアハウスももちろんBIを構成する有力なシステムとして現在利用されている。

（2）本書におけるビジネスインテリジェンス

コンピュータの世界におけるBIとは，人間には気づかないデータの持つ意味をコンピュータによって自動的に引きだそうとするものである。その対象となるデータは前述のように技術進歩と共に企業のすべてのデータに迫ろうとしている。しかしながら，BIからのアウトプットが本当に有益であるかどうかの判断は人間が行うわけで，現実のBIシステムのアウトプットが即有益であるとは開発者自身もいっていない[5)]。

コンピュータの世界を知る人が本書を手に取る時このBIを想起すると思われる。しかしながら，われわれは，このようなBIの進展を傍らに置きつつ，ICTの支援を意識しながら，コンピュータではなく，人間の頭の中のBI，広く一般の社会人や学生のビジネスインテリジェンスを考察しようとしているのである。

専修大学では，建学の精神「社会に対する報恩奉仕」を，現代的に捉え直し，「社会知性（Socio-Intelligence）の開発」を21世紀ビジョンに据えている[6)]。社会知性の開発とは「専門的な知識・技術とそれに基づく思考方向を核としながらも，深い人間理解と倫理観を持ち，地球的視野から独創的な発想により主体的に社会の諸問題の解決に取り組んでいける能力」である。これを受けて専修大学商学部では，2004年度の新入生ガイドブックより教育理念として「時代を先取りするビジネスインテリジェンスを育てる」を掲げている[7)]。ここでのビジネスインテリジェンスは，本書におけるそれと同じニュアンスであり，コンピュータ用語のそれではない。本書名のプロジェクトが専修大学商学研究所で行われたのもそのためである。

すなわち本書におけるビジネスインテリジェンスとは，基礎学力の上に『ビジネスにかかわる「ヒト」「モノ」「カネ」，そして「情報」の「しくみ」を明らかにして，ビジネスに必要とされる実践的な知識や技術，センスなどを基礎から学習すること』を通して，ビジネスに必要な情報と知識を自ら探索し，学ぶ能力をいう。言い換えると『ものごとの本質を見極め，将来も変わらぬ真理を探究』する学問によって『変化の本質を見抜き，時代の流れを良い方向へ導いていく』能力を意味する。

もちろん専修大学商学部に限らず，また，プロジェクトとして行われた研究会に限らず，社会科学系の学部全体に共通の問題点を多くの大学の教員と学会，研究会で議論した成果をまとめようというのが本書の意図である。

内田 樹氏は実学について次のように述べている[8)]。彼の所属する神戸女学院大学はリベラルアーツを標榜しており，入試部長として実学を掲げる大学との違いを強調すべき立場にいる人物である。引用させていただこう。

> 世に「実学」と呼ばれるのは，平たくいえば，「教育投資が迅速かつ確実に回収できそうな学科」のことである。数学や植物学が有用な学問であることに異議のある人はいないが，これらの学問は「実学」とはいわれない。金にならないからである。「金融工学」は去年までは「実学」だったが，今年はどうか。「実学優先」というのは要するに「それを勉強すると

高い年収が得られますか？」という子どもや保護者からの問いかけを「下品」だと思わない感覚のことである。世に下品な人間が多いことはやむを得ないが，別に大学が率先して下品になってみせることはあるまい。

私自身は，工学はすべて実学だと思っている。理学と工学の違いは，工学がまさに実学のスタンスで学問を行おうとするもので，同じ意味で社会科学系の学部も実学であるべきだと思っている。もちろん内田氏の上記「実学」は，すべてカギ括弧付きの実学であって，昨今の風潮を憂えて，かつ自分の所属する大学との対比をアピールする文脈での発言である。

本書がターゲットとする社会科学系の学部教育を行う大学の場合，少人数教育を全面に打ち出せる場合は少なく，また，学問の領域そのものが実学となる。また，入学者の基礎学力のレベルから，高校の補習学習及び学部教育のための基礎専門的な学習をまず必要とする大学も多い。学部教育を４年と考えると，その期間内に大学卒業者としての「学力」を与え，学士に育てる必要がある。そのためには，大学教育で必要な基礎学力の問題，限られた時間と資源の中で「学力」を向上させるための教育上の効率と効果について考慮せざるを得ない。

実学のスタンスで教える学部教育で，専門学校に近い資格試験教育にウェートをかける場合もあるのは事実で，入学志願者を確保するための有効な方策の１つと考えられている。しかし，この大学と資格取得のための専門学校の違いは，高校までの学校と予備校・塾との違いの関係と同じである。高校までの学校は，学習と生活，予備校・塾は学習のみ。高等教育機関である大学は学問と学習，専門学校は学習のみといえなければならない。

ここで「大学における学問と学習」という記述の中の学習は，本章で後述する高校までの学習とそこでの教育内容の学習成果，大学から見ると大学教育を受けるまでの前提部分とでもいえるものを指している。学問は，教師から決められた学習内容を教えられ，学習する高校までと違い，自らが主体的に問い，学ぶ姿勢を基本としている。もちろん大学がいわゆる学問だけをする場ではない。学生生活があり，課外活動があり，大学スポーツがある。高校までの「学習と生活」との対比なら，「学問と生活」とすべきかもしれない。しかし，生活指導を通じて生徒を育む高校までと大学生活は本質的に異なる。学問と学習としたのは，現在の大学においては高校の補習的な教育，導入教育とか基礎教育とかいわれる部分が必ず必要なため，高校までの学習内容を大学に持ち込む必要があるからである。もちろん，大学入試のための予備校であれ，資格試験取得のための予備校・専門学校であれ，そこで行われるのは教師から決められた学習内容を教えられる学習である。

実学に話を戻すと，米国のMBA（Master of Business Administration：経営学修士）教育を行うビジネススクールは，すべて実学である。限られた時間内に教育を行うことを前提とした上で，アウトプットとしての卒業生がMBAの意図するビジネス実践で役立つ必要がある。理論を中心とするかケーススタディを重視するかの違いがビジネススクールによって極端に異なる場合がある。ケーススタディを批判する立場では，実際に卒業生がビジネスの場で遭遇する問題は，机上で学習したケースとは細部では異なる。習った通りの政策をそのまま適用できるとは限らない。だからこそ，理論を徹底的に学び，理論から導き出される思考で問題にあたるしかないと主張する。もちろんケーススタディを重視する立場からは，現場の雰囲気を知らないまま，ビジネスの場に放り出されて何ができるかというに違いない。ケーススタディの方がより役立つと考えるか，実践にこそ徹底的な理論重視が役立つと考えるかの議論は，理論を教えてそれからケーススタディをなどと思う筆者の浅智恵とは異なる真剣さがある。

現在の日本の大学の社会科学系の学部教育において，基礎学力をいかに補い専門教育につなげていくか，専門教育においてどこまでの学力を担保して卒業生として送り出すかは避けて通れない問題である。数学抜きの経済学が存在しうるかどうかは別にして，できるだけ数式を抜いた経済学の教科書を採用せざるを得ない大学も多い。筆者も担当する経営数学という名称の科目で何をどこまで教えるか，正確にいうと，学生の能力を前提として，限られた時間でどこまで教えることが可能か，その範囲でその科目を履修したとして送り出すことが大学として許されるのかをシラバス更新の際に毎年考えざるを得ない。

大学は，学士としてのミニマムな学力をまず担保し，その上で自由な学問を学生達に追究させる場でありたい。そのためには，限られた時間，限られた教育資源を用いて，いかに効果的に教育を行うか，学力向上の場，学問の場として大学が有効に機能するかをじっくり議論していく必要がある。その議論の中で，実学としてのビジネスインテリジェンスをどこまで追求できるかである。

2 本章の構成

大学の学部教育にかかわる教員が抱える最大の問題は何か。18歳人口の減少による定員割れの問題を抱えている大学も多い。そこまでいかなくとも，ほとんどの大学では受験料や授業料の収入減が大学経営にインパクトを与えている。1980年代の米国大学と同様に現在の日本は「大学冬の時代」なのである。しかしながら，教員として一番問題としなければならないのは「学生の学力の問題」であろう。

偏差値の年度比較に意味があるのかはさておき，偏差値の上昇で10年前の学生より確実に学力の高い学生を教えている極めてまれな幸運な例外はあるかもしれない。しかし，圧倒的多数の大学では，偏差値が下がって明らかに学力が落ちたり，あるいは偏差値に大きな変動はないものの学生の学力が落ちていると教員は感覚的に感じたりしているはずである。

本書のスタートの章として，本章では以下この「学生の学力の問題」を次の３点から取り上げる。

- 問題状況の確認
- 学力とは何か
- 情報通信技術（ICT）の教育へのインパクト

「問題状況の確認」とは，大学が置かれている現在の環境を過去と比較しながら確認していき，学部教育を行っていく上での問題点を抽出する作業をいう。国際化の時代，日本の大学は日本という閉じた世界だけでの議論ではなく，国際水準を満たす教育という観点も必要となる。この部分においては一般的な日本の大学教育が対象となる。

「学力とは何か」では，社会科学系学部学生の学力に焦点を絞りながら，大学教育で必要な基礎学力の問題，限られた時間と資源の中で学力を向上させるための教育上の効率と効果について考察したい。ビジネススクールの教育においては，理論を中心とするかケーススタディを重視するかアプローチに違いがある。学部教育においては，大学の教育レベルによって，理論性を重視するか，実践性を重視するかが問題となろう。

「情報通信技術（ICT）の教育へのインパクト」では，本書で主として取り扱うICT支援による教育について整理すると同時に，生まれながらにしてデジタル世代である学生をどのように育てるのかについても議論する。若手教員の一部はすでにこの新しい世代に属するようになっているかもしれない。ICTに造詣が深くともPCが手放せない世代が，iPhoneを含むスマートフォンを駆使する学生にどう対処するか。逆に，そういう時代でありながら，デジタル化されないまま卒業していってしまう学生にどう対処するか。このあたりはまだあまり議論されていないはずである。

以上３点について取り上げた後，本書の第2章以下の構成，内容について簡単に紹介する。本書は全章とも，ビジネスインテリジェンスを育む教育について考察する，あるいはそのための活動について語っている。しかし，本書がその考察，活動の一端をになうとはいえ，ビジネスインテリジェンスを育む努力は社会科学系大学の教育研究活動と共に継続していく必要がある。

3 問題状況の確認

18歳人口の減少による大学の苦境と表現する前に，まず日本の近代化が始まった20世紀以降のデータを４半世紀ごとに見てみよう。図表１－１は，それぞれの時代の大学数，教員数，学生数，教員１人あたりの学生数，総人口，総人口に占める学生の割合を示している。20世紀の幕開けの段階の明治34年，大学は東京と京都の２つの帝国大学のみであった。大正15年（昭和元年）に

図表１－１　20世紀以降の大学の変遷[9)]

西暦	和暦	大学数	教員数	大学生数	学生/教員	総人口	学生割合
1901年	明治34年	2	327	3,593	11.0	44,359	0.008%
1926年	大正15年	37	3,297	48,624	14.7	60,741	0.080%
1951年	昭和26年	197	26,545	372,292	14.0	83,200	0.447%
1976年	昭和51年	423	92,929	1,791,786	19.3	113,094	1.584%
2001年	平成13年	669	152,572	2,765,705	18.1	127,316	2.172%
2009年	平成21年	773	172,026	2,845,965	16.5	*127,771	2.227%

注：*2007年

あたる1926年でも，いかに大学生が同時代のエリートであり，次の社会を支える大事な人材であったかがわかる。「末は博士か大臣か」がまだ死語でなかった時代で，ちなみに当時の学生数が現在の大学の専任教員数の３分の１以下であることに注意したい。現在の大学教員数より少ない学生を教えていた「大学教授」≒「博士」の値打ちは大臣に匹敵したかもしれない。ちなみに1901年の２つの帝大教授は147名。1926年の国公立大学の教授は882名，私立については教授，助教授を区分する統計がないので残念ながら把握できない。[10]

戦後のデータについては，次の３つの図表とあわせて見てほしい。図表１－２は，高校への進学率，図表１－３は，高校卒業者の大学等への入学志願率と進学者数の流れである。図表１－４は，18歳人口の推移と大学等への進学率の推移を示す。

図表１－２　高校への進学率の推移[11]

年	中学校卒業者数	高校等進学者数	高校進学率
昭和30年（'55）	1,663,184	857,032	51.5%
35（'60）	1,770,483	971,951	54.9%
40（'65）	2,359,558	1,591,024	67.4%
45（'70）	1,667,064	1,311,806	78.7%
50（'75）	1,580,495	1,422,393	90.0%
55（'80）	1,723,025	1,623,759	94.2%
60（'85）	1,882,034	1,771,644	94.1%
平成２（'90）	1,981,503	1,884,183	95.1%
7（'95）	1,622,198	1,568,266	96.7%
12（'00）	1,464,760	1,420,715	97.0%
13（'01）	1,410,403	1,367,159	96.9%
14（'02）	1,365,471	1,324,375	97.0%
15（'03）	1,325,208	1,289,008	97.3%
16（'04）	1,298,718	1,265,970	97.5%
17（'05）	1,236,363	1,207,162	97.6%
18（'06）	1,211,242	1,183,254	97.7%
19（'07）	1,213,709	1,185,789	97.7%
20（'08）	1,199,309	1,173,322	97.8%

高校への進学率は図表1－2に見るように，1960年代から急速に上昇し，1975年には90％に達している。高校進学者と高校卒業者とを用いた単純計算で，最新の2008年データでは，義務教育を終えた中学生の97.8％が高校へ進学し，入学した88.0％が無事高校を卒業する。[12)]

高等学校の新卒業者の53.5％が4年制大学へ，6.6％が短大への進学を希望し，あわせて60.1％が進学しようとする。図表1－4では，18歳人口の49.1％が大学へ，短大の6.3％を含むと，55.3％が短大・大学へ進学する。既卒も含む短大・大学への進学希望者に対して，収容能力としての短大・大学は91.9％をカバーしていることがわかる。

これらのデータで，高度成長期以降，高等教育機関であった大学の大衆化の進行が理解できる。世代の1割程度が大学へ進学した時代，3割程度が大学へ進学した時代があり，今はほぼ半数が4年制大学へ進学する時代となったわけである。

しかしながら，日本の大学をめぐる実態は1980年代の米国に近い。この時代米国では，進学率が高止まりになり，もう一方で大学の定員数が増加していき，ベビーブーマー後の18歳人口減少期を迎えた。米国では倒産する短大，大学が出たものの，社会人を受け入れる方向へ大学が転換し，この時期を乗り切ったとされている。[13)]公立2年制大学，いわゆるコミュニティカレッジを始め，リベラルアーツを標榜する小ぶりな伝統的私立大学，大規模な州立大学など，誰でも入れる大学から，高額な学費の私立大学まで，いくつかの役割分担を含む大学の区分が米国ではできている。[14)]

日本の大学は入学してしまうと4年で卒業できてしまう学生の割合が約8割と非常に高い。これに対して，米国の大学は，「4年の卒業率の高さを誇れるところは少数の威信の高い4年制大学のみという事実は否めず，ユニバーサル化を引き受けている小規模大学，あるいは州立大学では5年もしくは6年を標準とした卒業率が一般的である」（山田礼子，2001[15)]）という。入学者に学力差があるはずの日本の大学がこれでアウトプットのレベルが維持できるのかは疑問である。

1999年に家族と米国に1年滞在した際，[16)]日本の良く機能している教育システムと違って，米国の高校までの教育はなっていないといわれ，面はゆい気持ちになったことを思い出す。少なくとも10年前は，日本の高校までの教育シス

図表1－3　大学への進学希望と進学率の推移[17]

	高等学校卒業者と進学者数			入学志願者数		
				新卒＋既卒		
年	卒業者数	進学者数	進学率	計	学部	短大
昭和30年（'55）	715,916	131,526	18.4%	…	…	…
35（'60）	933,738	154,502	16.5%	242,353	197,847	44,506
40（'65）	1,160,075	284,330	24.5%	385,862	300,231	85,631
45（'70）	1,402,962	326,318	23.3%	485,958	360,175	125,783
50（'75）	1,327,407	439,173	33.1%	627,585	457,363	170,222
55（'80）	1,399,292	445,875	31.9%	635,884	452,065	183,819
60（'85）	1,373,713	418,296	30.5%	622,260	444,209	178,051
平成２（'90）	1,766,917	538,890	30.5%	868,717	609,408	259,309
7（'95）	1,590,720	596,853	37.5%	862,017	619,618	242,399
12（'00）	1,328,902	599,120	45.1%	738,443	599,914	138,529
13（'01）	1,326,844	598,202	45.1%	741,142	615,225	125,917
14（'02）	1,314,809	589,016	44.8%	737,991	622,102	115,889
15（'03）	1,281,334	571,331	44.6%	713,651	605,830	107,821
16（'04）	1,235,012	559,082	45.3%	687,187	585,341	101,846
17（'05）	1,202,738	567,712	47.2%	672,468	577,811	94,657
18（'06）	1,171,501	577,511	49.3%	672,064	585,766	86,298
19（'07）	1,147,159	586,904	51.2%	673,895	594,274	79,621
20（'08）	1,088,170	574,579	52.8%	654,130	581,861	72,269

テムは米国より良く機能していたというのが，私が出会った米国大学関係者の認識であった。確かに数学などの教育レベルという意味では，まともに勉強している日本の中学生，高校生は，米国の生徒より１学年あるいは２学年分レベルの高い数学を教わっているようであり，知識という面でも高いかもしれない。

ただし，問題は，まともに勉強している子どもの割合がどう推移しているかということである。学力が低下してきているといわれる高校卒業生を受け入れた日本の大学が，世界水準で学士としてふさわしいアウトプットを生み出しているかである。

日本の大学の実力は世界のトップ100に６大学，200までで11程度とされ，グローバルスタンダードから見ると相対的に劣っているとされる。大学数が多

入学志願者数					
新卒者入学志願率			既卒者（浪人生）		
計	学部	短大	計	学部	短大
…	…	…	…	…	…
26.0%	21.2%	4.8%	…	…	…
33.3%	25.9%	7.4%	107,546	94,954	12,592
34.6%	25.7%	9.0%	190,848	178,686	12,162
47.3%	34.5%	12.8%	193,808	182,857	10,951
45.4%	32.3%	13.1%	194,568	184,899	9,669
45.3%	32.3%	13.0%	225,302	214,127	11,175
49.2%	34.5%	14.7%	291,844	278,110	13,734
54.2%	39.0%	15.2%	270,667	257,695	12,972
55.6%	45.1%	10.4%	150,751	145,249	5,502
55.9%	46.4%	9.5%	139,591	134,845	4,746
56.1%	47.3%	8.8%	138,577	133,948	4,629
55.7%	47.3%	8.4%	140,552	136,739	3,813
55.6%	47.4%	8.2%	140,059	136,371	3,688
55.9%	48.0%	7.9%	124,774	121,329	3,445
57.4%	50.0%	7.4%	106,973	104,177	2,796
58.7%	51.8%	6.9%	96,673	94,472	2,201
60.1%	53.5%	6.6%	89,224	87,421	1,803

く短大を含めると4,000を越えるといわれていている米国[18)]は，同じ調査でトップ100に32，200までで54となっている[19)]。この数は必ずしも多いとは感じられないかもしれない。しかし，全米トップ50の大学は世界中で少なくとも7,500はある高等教育機関[20)]の上位３％に入っている。米国が海外から優秀な学生を引きつけ，留学生を受け入れで稼げる国であることは間違いない。

日本の大学はいわゆる偏差値による序列化はあっても，基本的には高校卒業生を受け入れ４年で卒業させようとする大学しか存在せず，バラエティに乏しい。

筆者が社会科学系学部で学部教育を受けた３分の１世紀前の大学では，授業という言葉はほとんど使われなかった。高校までが授業であって，大学は講義

図表1－4　18歳人口と大学等への進学率の推移[21]

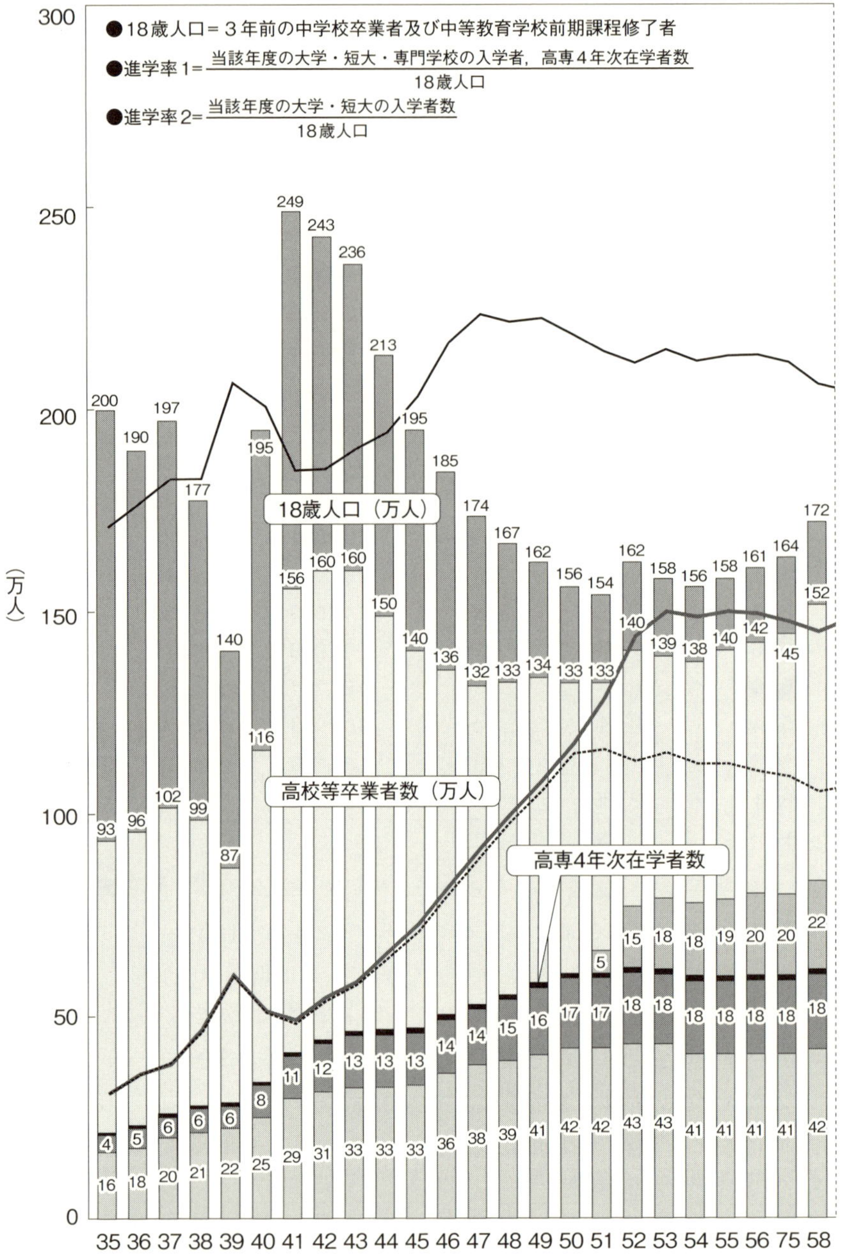

出所：文部科学省「学校基本調査」，総務省統計局「人口推計」より文部科学省作成

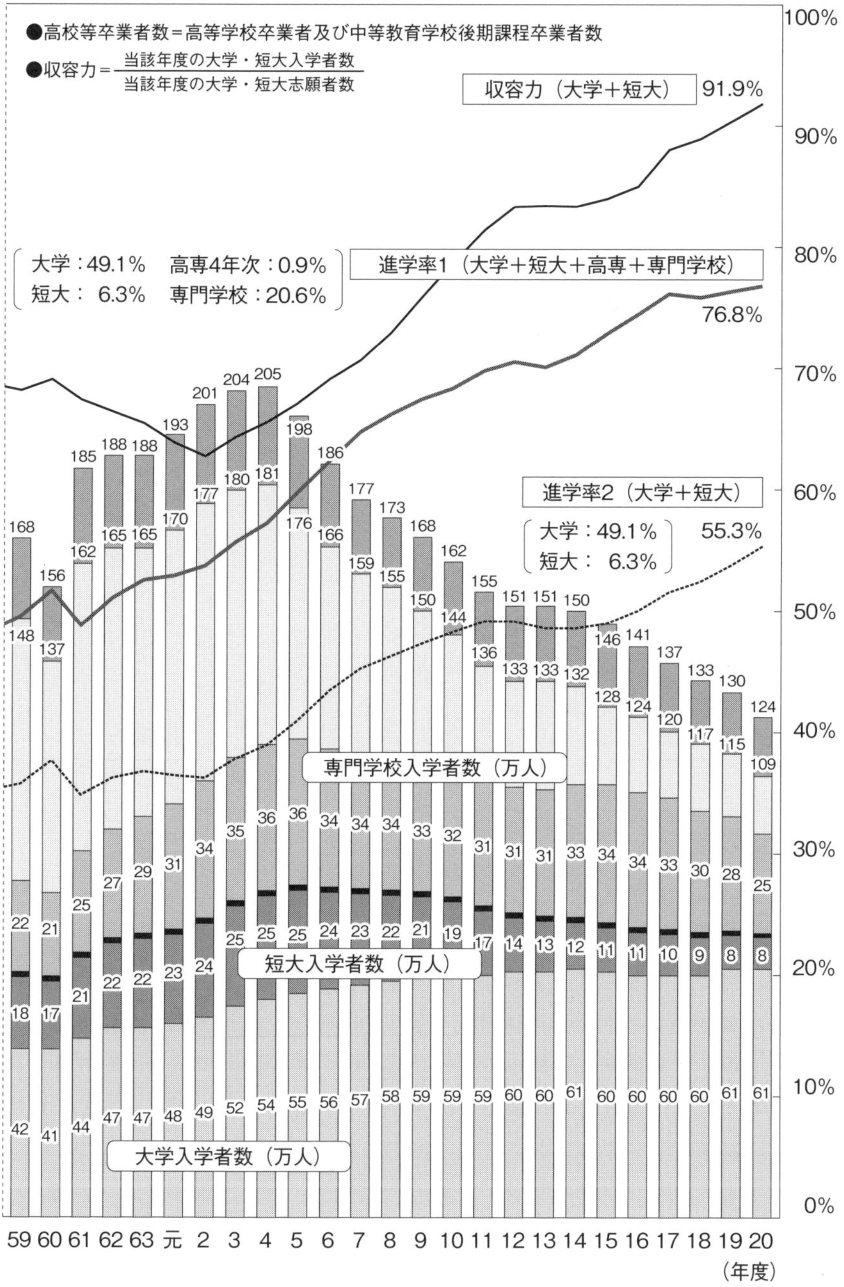
●高校等卒業者数＝高等学校卒業者及び中等教育学校後期課程卒業者数
●収容力＝当該年度の大学・短大入学者数／当該年度の大学・短大志願者数
収容力（大学＋短大）
91.9%
大学：49.1%　高専4年次：0.9%
短大：　6.3%　専門学校：20.6%
進学率1（大学＋短大＋高専＋専門学校）
76.8%
進学率2（大学＋短大）
大学：49.1%
短大：　6.3%
55.3%
専門学校入学者数（万人）
短大入学者数（万人）
大学入学者数（万人）
100%
90%
80%
70%
60%
50%
40%
30%
20%
10%
0%
168 148 22 18 42
156 137 21 17 41
185 162 25 21 44
188 165 27 22 47
188 165 29 22 47
193 170 31 23 48
201 177 34 24 49
204 180 35 25 52
205 181 36 25 54
198 176 36 25 55
186 166 34 24 56
177 159 34 23 57
173 155 34 22 58
168 150 33 21 59
162 144 32 19 59
155 136 31 17 59
151 133 31 14 60
151 133 31 13 60
150 132 33 12 61
146 128 34 11 60
141 124 34 11 60
137 120 33 10 60
133 117 30 9 60
130 115 28 8 61
124 109 25 8 61
59 60 61 62 63 元 2 3 4 5 6 7 8 9 10 11 12 13 14 15 16 17 18 19 20
（年度）

であるが前提であった。語学と一部の科目を除くと，今考えると確かに〈講義〉であった。この場合の〈講義〉とは次のようなものを意味する。

科目はほとんど通年で，４月の講義開始時に教授は講義内容，特に単位取得要件を説明する。例えば，教科書を指定する場合，この教科書１冊の内容を理解することが必要であると宣言すると，次の年の１月に行われる期末試験ではそこで示された範囲で問題が出題される。もちろん通年の場合でも中間試験を行うことは可能である。しかし，実態はほとんどが１年に１回の試験で済まされていた。実際に講義が始まり，最初の数回でこの講義はつまらないと学生が判断した場合，出欠が取られることもほとんどないので，その講義には出なくなる。本来200人取っている大教室の講義に，20名ほどの学生が聴講している姿は珍しくなかった。教授も，指定したテキストを１年で１冊講義することはまれで，自分が興味ある数章だけを，とうとうと論じていてもいっこうに構わなかった。もちろん学年末試験では講義した部分を中心に出題する場合が多いとしても，講じていない章について出題することもまったく問題がなかった。講義をさぼった学生が，単位を取るためには指定テキスト１冊全体を自学自習するか，まじめに出席した学生から傾向と対策を授けてもらい，それに従い出題可能性の高い部分を勉強して試験に臨めばよい。さぼったツケは自分でこのように払えばよかった。また，講義に出席するという意味でまじめな学生も，講義ノートだけでは「優」は取れないかもしれない。講義ノートは指定教科書の一部をカバーするにすぎないから。最初のお約束は指定テキスト１冊全体が試験範囲だったからである。

1991年の大学設置基準の大綱化以降，文部科学省の指導の下，日本のほとんどの大学はセメスター制への移行を模索している。ただし，通年制から前期・後期制に移行するときに，１科目を半分にして，○○Ⅰ，○○Ⅱに２分しただけの場合が多い。これでは，試験が１年に２度あり，成績評価が２回行われるので，通年制より学生も教員も忙しくなる。半分ずつ試験できっちり評価していると考えれば，これは教育面での改善かもしれない。しかし，すべての科目を週２回授業にして半年ごとに評価を出すことにすれば，試験の総数は増えず，本来学生も教員もハッピーなはずである。通年だらだら進行するよりも週２回の方が，前回の講義内容の復習にあたる説明を減らせるためか，通年のよりも数回分多い内容を講義できることを経験することができる。[22)]

授業という言葉が大半を占める現在の大学で，上記の意味での〈講義〉を行うと大変なことになる。少なくとも〈教えない教員〉として学生による授業評価が下がる。授業で取り上げない範囲の問題を試験で出題したと学生から直接抗議される。シラバスで約束した内容を教えていないと学生からの苦情が多いのでシラバス通りに教えろと大学から注意を受ける。

〈講義〉が行われていた時代の大学は，ある意味高等教育機関であったのだろう。学生は，教えてもらうことを期待せず，自分で学ぶ。自ら関心があることを見つけ，どのようにそれにアプローチするかを学び取り，自分で学ぶ場が大学であった。どのように学問領域にアプローチするか，すなわち「学問」のために大学には教授がいて，講義があり，ゼミがあったのである。

第１次オイルショックで上場企業が採用中止か，大幅な採用削減を行った。この就職難を境に，社会科学系学部では学生の出席率が２割ないし３割程度から５割近くまで跳ね上がったように実感している。それ以降，就職が厳しくなるごとに，出席率が高まり，現在の大学では，１，２年生はほとんど出席していることが正常な状況と認識され，実際に学生は７割程度は出席していると感じられる。皮肉なことに,学生の出席率が高まるのと反比例して,かつての〈講義〉は駆逐され，授業が大学を占拠することとなる。

4 学力とは何か

4-1　高校までの学力

学力とは何かを議論するとそれだけで十分１冊の本となる。広辞苑には「①学問の力量。がくりき。②［教］学習によって得られた能力。学業成績として表される能力。」とある。[23)] 文部科学省の初等教育においては，これからの時代に求められる力として，［生きる力］，［確かな学力］を育むことが必要としている。[24)]

> ［生きる力］とは，変化の激しいこれからの社会を生きる子どもたちに身に付けさせたい［確かな学力］，［豊かな人間性］，［健康と体力］の３つの要素からなる力。

［確かな学力］とは，知識や技能はもちろんのこと，これに加えて，学ぶ意欲や自分で課題を見付け，自ら学び，主体的に判断し，行動し，よりよく問題解決する資質や能力等まで含めたもの。

子ども達の学力を文部科学省がどのように見ているかというと「国際的に見て成績は上位にあるものの，(1) 判断力や表現力が十分に身に付いていないこと，(2) 勉強が好きだと思う子どもが少ないなど，学習意欲が必ずしも高くないこと，(3) 学校の授業以外の勉強以外の勉強時間が少ないなど，学習習慣が十分身に付いていないことなどの点で課題が指摘されているほか，学力に関連して，自然体験・生活体験など子どもたちの学びを支える体験が不足し，人やものとかかわる力が低下しているなどの課題が明らか」と考えている。[25)]

また，諏訪哲二氏は学力とは『学ぶ力ではなく，学んで身につけた知的能力のことである。知的能力とは土台となる「言語能力」と獲得された「知識」と「構想力（創造力)」から成る[26)]』と定義している。

諏訪哲二（2008）を詳細に読むと，戦後の高校までの学力をめぐる議論の概要がつかめる。「学力」に関するわれわれの議論につながる部分を箇条書きにしてみよう[27)]。ここで生徒とは，子どもあるいは文脈によって若者と置き換えても良い。

- 学校は学習と生活から成り立ち，塾や予備校は学習だけを目的とする（p.24)。
- 学校の生活の持つ意味は生徒を人間として成長させるためである（p.67)。
- 学習は授業という形をとり，何をどれだけ教えるか，その内容については学習指導要領で規定されている（p.24）。
- 学習指導要領では，学校教育で形成される市民の所有すべき知（知識と構想力）の範囲とレベルを示し，かつ小学校，中学校，高校と進んでいって，高卒の段階で大学の専門分野に対応できる学力に達していることが想定されていた（p.25)。
- ヨーロッパでは早くから市民レベルの知と大学向けの知とを区別して教育をやってきたが，日本では単線型，その区別はなかった（p.25)。
- 学習では市民を構成しようとするミニマムエッセンシャルズ（最低限の基

準）とマキシマムエッセンシャルズ（最大の基準）では大きな差がある（p.26）。

●学力が低下し，生徒たちの生活（人間形成）の構築もうまくいかなくなったから，「ゆとり・生きる力」教育は構想された。「ゆとり・生きる力」教育をしたから学力が低下したわけではない（p.28）。

●文科省は「何をどれだけ教えるか」で，それまでマキシマムかミニマムかはっきりしていなかった学習指導要領を，「ゆとり・生きる力」教育で初めてそれまでの7割減のミニマムであると明言した（p.29）。

●文科省が生徒の変容を視野に入れていたのに対し，「学力向上」派は昔と変わらぬ学ぶべき生徒がいると信じ続けた。生徒は常に学ぶはずで，ゆとり教育そのものが学力低下の原因であるとする（p.33）。

●「ゆとり・生きる力」派は，学力低下の原因を教育内部のみならず社会的な動向によって生じたと考えていた（p.34）。

●生徒は「家族」「地域」「学校」の教育の三構造で教育されるよりも，地域から変貌した消費的な社会と，新たに構成された情報空間により決定的につくられている（p.34）。

●学力向上も教育の内部だけでは解決しない。教育の内部には教師と生徒がおり，生徒にはできる生徒とできない生徒がいるはず。しかし，できる，できないではなく，（勉強を）やらない生徒，やろうとしない生徒，自己変革を望まない生徒，訓練や教育を実質的に拒絶する生徒が登場してきた（pp.34-35）。

●普通教育は生徒にたくさんの知識を教えるのが役割ではない。おとながおとなに知識や芸術やスポーツなどを教えるカルチャースクールとは違う。教えることを通して生徒を社会に通用する個人にしていこうとする営みである（p.35）。

●教える内容や教え方やそこで認められる社会的な生活のあり方が，望ましい個人のあり方を明示し，生徒はそれによって知識が増えるのではなく，知的・身体的に成長していくのである（p.35）。

図表1－2から図表1－4で示されるように高校へほぼ全入する時代に入り，かつ，大学への志願率が上がり，18歳人口が減少している。大学がどんど

ん増え，大学進学希望者の92％を収容できる時代であることを見てきた。49.1％が４年制大学，短大を含めると55.3％が進学する時代である。一方，諏訪氏のいう，学ばない，学ぶことを拒否する生徒（若者）が登場してきていることを勘案すると，大学入学時の学生の学力低下は必然的かもしれない。「偏差値が下がって明らかに学力が落ちたり，あるいは偏差値に大きな変動はないものの学力が落ちていると教員は感覚的に感じたりしているはず」と前述した。偏差値を求めることにつかう標準偏差の計算の分母が18歳人口の４割程度であった時代と，進学希望者が偏差値対象の分母となる進学希望者が６割を越えようかという現在では，同じ数値で表される偏差値の中身が異なるのである。

4-2　大学で学ぶための基礎学力

先に要約した諏訪哲二氏の議論は高校までの生徒を対象として考えており，学力は「言語能力」，「知識」と「構想力」から構成される。これを受けて，大学で学ぶために必要な学力，基礎的知的能力を考えてみよう。これは一般には大学で学ぶための「基礎学力」といわれるものである。これは土台となる高校までの「言語能力」として，ここでは広い意味での「読み」，「書き」，「計算」能力と考えよう。この場合この部分の「計算」は，日常生活に支障のない計算力と解釈してもよい。

次に「知識」の部分として，少なくとも一般常識に欠けない程度，すなわち中学卒業程度の様々な科目の知識が必要である。しかし，それ以上となるとどこまでが最低限か線引きは難しい。国際化の時代を考えると国際語としての英語力も必要であろう。これは「知識」なのか「言語能力」の一部を構成するものと考えるべきなのか，これも判断が難しい。

「構想力」の部分は，自分の知識がどのような体系のもとに組み立てられているのかという知識の体系を概ね理解していること，あるいは論理的にものを考える力と解釈することもできる。論理的にものを考える力は一般に数学で養成されるという。そうすると日常生活に支障のない計算力，中学程度を上回る数学が必要とされる。現在，まともに経済学を学ぶためには数学は必須と考えられている。ファイナンスを学ぶためには，より高度な数学が必要とされる。数値データを統計的に解釈するためにも数学的素養は必要とされる。その意味では，社会科学系学部で学ぶための基礎学力の一部として高校時代の数学の力がどうしも必要となる。しかし，現実においては，大学受験で３教科入試の場合，数学で受験する学生は極めて少ない。経済学部の入試科目で数学必修化は議論されるものの，受験者の減少を恐れて踏み切れない。

もちろん，社会科学系の学部で勉強する基礎学力として地理，歴史，公民といった高校の社会科科目を学んでいることは好ましい。ただし，私見では，大学入試における歴史科目が要求しているのは詰め込み型の知識にかたより，あまりに細かすぎる。例えば，日本史の年表だけを詳しく暗記していて，地歴公民に興味がない状態より，少なくとも中学の社会科内容をまんべんなく理解しており，歴史や地理に興味を持ち，そして自分の周りの人々の暮らしや社会に関心をもつ方が好ましいはずだ。社会への関心は「知識」というより「構想力」の部分であろう。

10年前，15年前の学生と現在の学生の基礎学力を比較すると現在の方が下がっていると評価する場合が圧倒的に多い。ある公立高校の英語の先生に話を聞いたところ「10年同じ高校で英語を教えている。県立高校としての自分の高校のレベルは変わらないが，生徒の英語力が落ちてしまったので，同じ教え方では授業にならず，教え方も変え，内容もやさしくしてきた」といわれたことがある[28)]。その時「大学ばかりでなく，高校も同じ。きっと中学の先生に聞いても同じ答えが返ってくるな」と思ったことを鮮明に覚えている。

ただし，この傾向は，10年，15年といった長期で見た場合にある程度肯定できるのであって，毎年学力が低下しているという議論をするためには，科学的根拠が必要である。基礎学力が毎年下がるというより，入学者の興味を持つ世界がだんだん狭くなってきている。すなわち，学習面での知識の量ではなく，また，肉体面の成熟度でもなく，精神面で，より子どもになっている。大学という新しい世界で自分の世界をどんどん広げようという意識よりも，自分の狭い世界からの判断で資格を欲しがり，そのために必要な科目を「手取り足取り教えてもらおう」とする今の学生の姿勢の方を筆者は心配している。

4-3　学ぶ場としての大学

学問の世界は広く，自分に興味のある領域はどんな学問でもあるはずである。

自らそういうものを探索し，自力で学ぼうとする姿勢を持つのが本来の大学であったはず。内田 樹氏は「学力とは何か」について大学人としての立場で「学ぶことができる力」と定義しており，学ぶ力を構成するのは次の３点だと指摘している[29)]。

(1) 自分は「まだまだ学ばなければならないことがたくさんある」という「学び足りなさ」の自覚，(2) 教えてくれる人に出会える力，(3) そして「教えてくれる人を『その気』にさせる力」である。

彼の主張を解釈すると，第１点は学ばなければいけないという自覚と関心，第２点は学ぶべきものの発見をすることであり，ここで先生とは人間としての先生だけではなく，先生たりうる文献，資料，目の前に起きている事象を含めた学ぶための題材を見つける力，第３点は学ぶときには偏見を持たずに謙虚に学ぶ姿勢が必要ということになろう。

内田氏は，これから大学で学ぼうとする高校生に対して，大学での学び方をやわらかく紹介している。さらに『「私は学びたいのです。先生，どうか教えてください」というセンテンスになります。これだけ。この言葉をさらっといえる人はもうその段階で「学力のある人」です。』といっている。この部分は高校生へ向けての文脈であり，ここでの議論では舌足らずの側面がある。すなわち昨今の手取り足取りを望む学生の風潮からすると，この表現では「何を学んだらよいかまず教えてください」から始まってしまいかねない。大学での学力を議論する立場としては，内田氏のいう第１点と第２点，すなわち学ばなければいけないという自覚と関心，そして学ぶべきものの発見に，もっとウェートを置くべきだと思われる。

従って，筆者は学力を内田氏と同じく「学ぶことができる力」と見るものの，大学での学力とは，「基礎学力を持った学生が，自ら学ぶべきものを見つけ，学ぶ力」と定義する。この意味でわれわれは大学を学生達が「学力のつけ方を自ら学ぶ場」，「学び方を自ら学び取る場」とすべきである。

内田氏は，古き良き大学の象徴たるリベラルアーツを追求することを旨とする女子大に所属する[30)]。リベラルアーツを追求する古き良き大学は，今でも米国では１つの有力な形態として小ぶりな私立大学を中心として伝統を誇っている。もちろん日本でもトップランクの人気を誇る単科大学から，大規模大学でも文学部などにこの伝統が息づいている。しかしながら，本書がターゲットとする社会科学系の学部の場合では，リベラルアーツという表現が登場することは少なく，実学という言葉がより多く使われる。これについては，内田氏の実学に対する痛烈な表現をすでに紹介した。

5 情報通信技術（ICT）の教育へのインパクト

十分な基礎学力ある入学者に大学らしい〈講義〉をすればよい時代では今はない。基礎学力に欠けた点がある入学生を前提として上で，欠けた部分を補いつつ，さらに大学生としてふさわしい学力を身につけさせ，「学問」する場にならなければいけない。

言い換えると，学問を講ずれば良かった時代，学問に誘(いざな)いさえすれば学生がかってに学んだ時代から，現在では細かい学習内容までを教えなければいけない時代である。学生が自ら学ばなければいけなかったかつての大学では，教員サイドで教育の効率性や教育効果について語る必要はほとんどなかった。しかし，入学者の基礎学力が疑問視される一方，学卒者の質が問われる現在，限られた時間で，限られた資源を効果的に活用し，大学という場で，インプットからアウトプットへの効率的転換を語るべき時代となった。

コンピュータを中心とする情報技術は，教育に大きなインパクトを与えてきた。教室に黒板とチョーク，これでは昔の小学校とかわらない。小学校ならテレビが備えられていたかもしれない。現状の大学では，ＯＨＰとスクリーンは時代遅れで，液晶プロジェクタとノートPCが他の音響映像機器と一緒に備え付けであっても誰も驚かない。

教材や資料を配布し，レポートをファイルの形で提出させる授業支援システムが完備されているのもごく自然である。専修大学ではRENANDIという授業支援システムが利用されており，PCを利用した実習では出席管理も可能である。学生は毎朝携帯で休講がないかどうかをウェブやメールで確認しながら家を出る。専修大学では台風による休校情報の掲示を，遠隔地から通う学生のために掲示時間を朝７時から６時に早めた。[31)]

教室内で質問や簡単な授業内容の整理を指示に従って学生が先生に一斉に携

帯で送る。これは筆者の知る事例はまだ多くなく，教員の個人的な環境整備に依存している場合が多い。また，携帯をそのように使わせるのが良いことかどうかにも議論の余地があろう。学習支援のために，実習室や自宅からPCを通じて，演習を行ったり，Q＆Aを参照したりすることはまだ多くはない。本書で紹介する試みは，この部分に該当する実装事例であり，大きな大学ならこのような事例が存在して良い。

論理的な思考を育み，実際の学部教育で必要となる基礎数学において，手計算の重要性は論をまたない。実際に自分が理解したかどうか，計算してみて初めて納得できる。しかし，計算演習を多くすると時間がかかる。限られた時間で学生にマスターしてもらうためには，最低限の自分の手と頭で行う計算以外は，自宅での問題演習に期待して次に進む場合が多い。手計算の良さを残しつつ，演習の負担を軽くするためのコンピュータの利用については第４章で取り扱う。

理解を促進するために，コンピュータを利用して視覚的な映像を見せる，これも必要であろう。数学教育における授業支援については第５章で取り上げられる。遠隔授業や自宅での学習のためのe-Learning，これらの問題は第３章で扱われる。

社会科学系学部では，社会システムにおける問題事象を観察し，これを定式化する。経済学的アプローチ，経営学的アプローチ，企業の事象を貨幣価値で測定する会計学など，それぞれの学問体系も理論的定式化である。個別の問題を文章で記述する場合，数式で表す場合，例えばコンピュータプログラムのように，そのプログラムが要求する文法に従ってモデル化する場合もある。第２章で扱うコンピュータシミュレーションは，モデルを明確に記述し，うまくモデル化できればいくつもの条件を繰り返し試すことができるため，社会科学系の強力なツールになる。

ただし，モデルの記述方法を学ばせる必要があるため，モデルづくりには時間がかかる。そこで，学生が理論的に学んだ内容を実践的に表現するモデルをあらかじめつくっておいて，これを利用して教育を行う場合もある。理論と実践との関係を，文章として記述されたケーススタディの事例とは違い，コンピュータ上でトライアルする。このような問題にかかわる議論も本書では行われる。これらの教育現場において，教育支援のための情報通信技術（ICT）については，順次本書で取り上げられる。

本章の最後では類書であまり取り上げられない視点を議論しておく。それは現在の学生達が，教える教員側と違って，生まれながらにしてデジタル機器を利用しながら育ってきたタプスコットのいうデジタルチルドレン[32)]である点である。

コンピュータの世界もインターネットの登場で激しく変化が起きた。従来は情報技術＝コンピュータであったものが，現状ではインターネットの影響の方がコンピュータの計算能力の影響より明らかに大きい。1999年から2000年にかけてIT革命という言葉が流行った直後，情報通信技術（ICT）という表現の方が適切ではないかという議論がなされたのも，コミュニケーション技術の影響の強さのためである。

また，将棋の羽生善治氏が指摘した「学習の高速道路と大渋滞」の示唆も大きい。「ITとネットの進化によって将棋の世界に起きた最大の変化は，将棋が強くなるための高速道路が一気に敷かれたということです。でも高速道路を走り抜けた先では大渋滞が起きています[33)]」。梅田望夫氏が羽生氏のこの考えを初めてブログに紹介したとき『プログラミングや物理学の世界はいうに及ばず，法律から考古学，マンガや「折り紙」にいたる様々な分野で「まったく同じことが起きている」という反応がネット上に溢れた[34)]』という。

囲碁や将棋の場合，対局の情報すなわち棋譜が瞬時に伝わることと，オンラインで対局ができることが特徴的である。かつては地方にいると新手の情報が数週間，数か月遅れることがあった。また，強い相手と実戦ができないと，なかなか強くなれなかった。現在では，第一線のプロも匿名でオンライン対局に参加しているといわれており，囲碁の場合は，ネットの先の相手は世界中の愛好家となっている。日本人よりも中国人，韓国人の参加者数が多い対戦サイトもある。

私は高校時代棋道部に所属していた。40年近く前と比べると囲碁も将棋もアマチュアとプロの差が確実に小さくなっている。囲碁も将棋もプロ寸前の状態がすし詰めで，プロ入りを断念した院生，奨励会[35)]経験者のアマチュアも多い。しかし，プロとアマの差の接近はこのようなプロ断念者の存在のせいだけではない。ICTにより情報，知識の伝播が変わることにより，あるところまではこれまでの労力と時間をかけずに技量を向上させることができるようになったためでもある。先の引用にもあるように，すべての世界において，情報，知識の伝播のための高速道路が整備されて来ているのである。

自宅にインターネットに常時接続されたPCがあり，子どものころから自由に使える。htmlなど知らぬ間に，いくつかの操作で自分のホームページをつくってしまう。携帯を手にし，電話ではなくメールで連絡を取る。大学に入ると自然とmixiのようなSNS（Social Network Service）に入る。大学で何か課題が与えられると，インターネットで検索するだけでなく，SNSでアンケート調査を自然に行う，それが現在の学生の世代である。

筆者は汎用機の時代からPCの黎明期を経験し，PCの時代には先端を走っていると感じた時代もあった。しかし，インターネットが普及し，ブログ，Twitter，SNSに，iPhoneなどのスマートフォンの時代になると，PCを肌身離せない世代は明らかに時代遅れである。もちろん，一方でデジタルネイティブ[36)]に属する若い教員も生まれている。

学部教育の現場では，教育支援のための情報機器の使い方，情報リテラシとしてのPC教育ばかりでなく，デジタルネイティブの学生にどう対応するかと，デジタルネイティブになれずに卒業してしまう可能性のある学生にどう対処するかが問題となる。特に後者のデジタルネイティブになれない学生達は，当然同世代の若者に備わった資質としてのデジタル化の対応能力が欠如するので問題が深刻である。しかし，既存の枠組みとしての情報教育を越えて，古い世代が〈新しい世界〉を新しい世代に教えるのは容易ではない。

[注記]

1）BIソリューション総覧編集委員会（2009）『BIソリューション総覧』産業技術サービスセンター刊によると，ドレスナー氏の創案が1988年（p.22）とされ，ガートナー・グループの提唱は1989年（p.72）と1990年代に入ってから（p.22）との記述がある。

2）Mike Biere（2003）*Business Intelligence for the Enterprise*, Copy Right International Business Machines Corporations, Pearson Education Inc., p.18.

3）BIソリューション総覧 編集委員会（2009）前掲書，p.75。

4）同上書，p.22。

5）Biere, *op.cit.*, pp.1-2.

6）専修大学の21世紀ビジョンについては，下記参照。
http://www.senshu-u.ac.jp/iga/transmit_knowledge/21vision_sid.html　2010.1.16確認。

7）現在の大学ホームページ上では，他学部と足並みをそろえる形で，商学部の目的として「ビジネス・インテリジェンス，すなわちビジネスに必要とされる実践的な知識及び技術並びに倫理観等の教育研究を通して，社会的事象の本質を理解し，真に行動を起こすことのできる人材を養成することを目的とする」とだけ示している。

http://www.senshu-u.ac.jp/sc_grsc/kyoiku_mokuteki.html#c　2010.1.16確認。

しかし，新入学生に配布する『学習ガイドブック』には商学部の教育理念として，この標語を掲げつつ，その内容について細かく記している。

専修大学商学部では，ビジネスにかかわる「ヒト」「モノ」「カネ」，そして「情報」の「しくみ」を明らかにして，ビジネスに必要とされる実践的な知識や技術，センスなどを基礎から学習することを教育理念としています。

（中略）

先人は「愚者は経験から学び，賢者は歴史から学ぶ」といっています。この場合「歴史」は単に過去のできごとを指すのではありません。過去のできごとからものごとの本質を見極め，将来も変わらぬ真理を探究するもののことをいいます。つまり，時代が変わっても変わらぬ真実を体得し，それによって変化の本質を見抜き，時代の流れを良い方向へ導いていくことを意味します。これが学問の真の姿です。

実践してこそ価値がある学問を「実学」とよびます。「商学」はまさに「実学」です。専修大学商学部では実学を重視します。さらに商学部では，ビジネスの教育を通して，社会に流れる真理を探究し，真に必要なアクションを起こすことのできる「人財」を育みます。

ものごとを深く考える学問的探究力と人生に役立つ幅広い知識を身につけるために，商学部では多様性に富むカリキュラムを提供しています。それは，文化，環境，情報，社会から始まり，経済，経営，会計，マーケティング，ファイナンスにまで及びます。

専修大学商学部は「ビジネス・マインド」を広い視野から養成し，「ビジネス・インテリジェンス（Business Intelligence）」を育成することによって，「社会知性（Socio-Intelligence）」の開発の一翼を担う学部なのです。

＊本文ではビジネスインテリジェンスと中黒を取って表記している。

8）内田樹「入試部長のひとり言　アドミッションポリシー」。

http://kobe-college.jp/tatsuru/2009_04_000369.html　2010.1.16 確認。

引用が長くなりすぎたので本文での引用は避けたが，本文の引用に続く段落は以下のようになっている。

「立身出世主義」は教育目標として優先的に掲げられるべきものではない。私はそう思っている。放っておいても人間はつい利己的にふるまってしまうものである。教育機関がそれに棹さしてどうする。それよりは，自己利益を優先させる生き方を「恥じる」感覚や，そのような自分に「疚しさ」を覚える感覚や，それよりももっと人間にとって大切なものがあるのではないかと「疑う」感覚の方がずっと大切なのではないか。高等教育はそのような深みのある知性をこそ育てるべきなのではないか。

9）表のデータの大学数，教員数，大学生数は下記文部省データによる。総人口は人口統計資料による。

1901年：『日本帝国文部省第二十九年報（M34～M35）上巻』。

1926年：『日本帝国文部省第五十四年報（T15/4～S2/3）上巻』。この時点の大学とは，①東大，京大，東北大，九州大，北海道大の５帝国大学，②東京商科大学，③新潟，岡山，千葉，金沢，長崎の５官立医科大学，④大阪，愛知，京都，熊本の４医科大学，⑤慶応，早稲田，専修を含む22私立大学，あわせて37をいう。年報には予科あるいは専門部と学部の区分がある。教員については嘱託，外国人を除いてある。ただし，学部と専門部を含む総数。学生については，学生，生徒の総数。

1951年：『文部科学省 学校基本調査報告書 昭和26年度』。教員数及び学生数は，新制大学と旧制大学のみを集計。大学院生も学生に含まれる。教員は本務者のみ。短大は除いてある。

1976年：『文部科学省 学校基本調査報告書 昭和51年度』。学生数に大学院生，研究生・聴講生も含む。教員は本務者のみ。短大は除いてある。

2001年：『文部科学省 学校基本調査報告書 平成13年度』。大学数には通信教育のみを行う学校を除く。データの条件は1976年と同じ。

2009年：『平成21年度学校基本調査速報，調査結果の概要（高等教育機関）』，文部科学省のホームページのデータより。

http://www.mext.go.jp/component/b_menu/other/__icsFiles/afieldfile/2009/08/06/1282645_2.pdf　2010.1.15確認。

総人口は，国立社会保障・人口問題研究所，人口統計資料（2009）より。2009年欄にある総人口は表の注に示すように2007年の人口である。

http://www.ipss.go.jp/syoushika/tohkei/Popular/Popular2009.asp?chap=0

10）1901年のデータは『日本帝国文部省第二十九年報（M34～M35）』，1926年のデータは『日本帝国文部省第五十四年報（T15/4～S2/3）上巻』による。

11）文部科学省統計要覧H22高等学校及び同中学校データより作成。ただし，1955年から1980年データは，各年の文部省年報にある高校進学者数を入れている。この数字は通信制高校等を含むものと考えられる。なお，この部分の数値と下記のデータ表との間に一部整合性のない年が含まれている。

http://www.mext.go.jp/component/b_menu/other/__icsFiles/afieldfile/2009/08/05/1282869_5.xls

http://www.mext.go.jp/component/b_menu/other/__icsFiles/afieldfile/2009/08/05/1282869_4.xls　いずれも2010.1.16 確認。

12）卒業率については，卒業者数÷３年前の入学者数で計算している。

13）80年代の米国の大学危機を乗り切った方法としての一般見解と筆者は考えている。しかし，本書の著者達の相互チェックで引用を示すよう求められた。例えば，F.ルドルフ著，阿部美哉・阿部温子訳（2003）『アメリカ大学史』玉川大学出版部参照。

14）橋本鉱市「アメリカにおける大学教員―90年の変容を中心として―」学位研究第15号（平成13年11月，論文），［大学評価・学位授与機構研究紀要］。

http://svrrd2.niad.ac.jp/journal/journal_no15/no15_2.pdf　2010.1.16 確認。

15）山田礼子「1年次教育の構造―02年度米国4年制大学調査結果（下）―」アルカディア学報，

2156号（2004）。

http://www.shidaikyo.or.jp/riihe/research/arcadia/0170.html　2010.1.16確認。

16）1999年8月より2000年8月末まで，専修大学の長期在外研究員として，米国マサチューセッツ州のWPI（Worcester Polytechnic Institute：ウースター工科大学）に客員研究員として滞在，貴重な経験を得ることができた。当時米国経済が好調だったため，日本の失業率の方が米国より高いといわれ驚いてインターネットで調べることとなった。日本の教育に対しては，概ね高校まではよく整備された教育システムが非常に上手く運用されていると考えられていた。

17）文部科学省統計要覧H22高等学校及び同中学校データより作成。高校卒業率は図表1－2の高校入学者が3年後に卒業したものとして計算。

http://www.mext.go.jp/component/b_menu/other/__icsFiles/afieldfile/2009/08/05/1282869_5.xls

http://www.mext.go.jp/component/b_menu/other/__icsFiles/afieldfile/2009/08/05/1282869_4.xls　いずれも2010.1.16 確認。

18）Table 265. Degree-granting Institutions, by Control and Type of Institution: Selected Years, 1949-50 through 2007-08.

http://nces.ed.gov/programs/digest/d08/tables/dt08_265.asp

によると，2007-2008で4,352となっている。2010.1.16 確認。

19）Times Higher Education-QS 世界大学ランキング2009（World University innsEi Rankings 2009）のデータによる。

http://www.jsps.org/information/documents/09/091008.pdf

http://www.timeshighereducation.co.uk/WorldUniversityRankings2009.html

2006年8月に1回だけ発表されたNewsweekの世界大学ランキングでは，日本の大学は100位までに5大学となっている。

http://www.geocities.jp/worldtheride/newsweek.html　いずれも2010.1.16 確認。

20）世界の大学数の正確な数はインターネットその他では確認できなかった。米国の大学数が第2位という表記もあり，この表記が正しいかどうかも確認できなかった。もちろん，何をもって大学とするかの定義も国によって異なる可能性がある。常識的に7,500から10,000あたりとみるとそれほど外れてはいないようである。ここで全体を7,500とするとトップ200に54なら，上位2.7%に54校となる。

http://www.greentechmedia.com/green-light/post/trivia-question-how-many-universities-are-there-in-the-world-506/

21）「平成20年度 文部科学白書」p.143，図表2－3－1を参考に作成。

http://www.mext.go.jp/b_menu/hakusho/html/hpaa200901/1283098_007.pdf　2010.1.16確認。

22）専修大学商学部では，これまでのカリキュラムを一からつくり直し，平成12年度（2000年）から適用した。そこでは4単位の専門科目を基本とし，週2回授業を行うこととした。その結果，これまでの通年分の教材では足りない，すなわち数回分は講義内容を増やせることを経験した。もちろんすべての専門科目が4単位ではなく，内容量と性格によって2単位，4単位に振り分けている。

23)『広辞苑』第6版（2008）電子辞書版，岩波書店。

24) これからの時代に求められる力とは？

http://www.mext.go.jp/a_menu/shotou/gakuryoku/korekara.htm　2010.1.11 確認。

学力について文部科学省のホームページを 〉教育〉小学校，中学校，高等学校〉以下，順にリンクをたどって確認したときにはこのサイトは発見できなかった。検索サイトより「学力とは」で検索し，発見。

25) 子どもたちの学力の現状。

http://www.mext.go.jp/a_menu/shotou/gakuryoku/korekara.htm　2010.1.11 確認。

26) 諏訪哲二（2008）『学力とは何か』洋泉社，p.7。

27) 同上書。

28) 2005年9月から10月に，専修大学商学部40周年記念事業の広報活動を兼ねて商学部教員約20名弱が自主的に入学センター職員の高校訪問に同行して，高校の先生の話を聞く機会を得た。その時の筆者の経験。

29) 内田樹「入試部長のひとり言　学力とは何か」。

http://kobe-college.jp/tatsuru/2009_07_000444.html　2010.1.16 確認。

次の内田氏の引用も同じ出所。

30) 彼が表現したその大学の求める学生像はアドミッションポリシーと教育理念・教育方法として，神戸女学院大学ホームページの入試情報に掲げられている。

http://kobe-college.jp/admissions/policy.php　2010.1.16 確認。

31) 2010年10月８日の台風18号に際し，専修大学では前日にホームページで予告の上，従来の７時から１時間早めて休校の提示を行った。

32) ドン・タプスコット著，橋本 恵・清水伸子・菊池早苗訳（1998）『デジタルチルドレン』ソフトバンク。

33) 梅田望夫（2006）『ウェブ進化論』筑摩書房，pp.210-217。

34) 梅田望夫（2007）『ウェブ時代をゆく』筑摩書房，p.25及び第３章pp.88-115。

35) 院生は，日本棋院，関西棋院が行っているプロ棋士へなるための制度。日本棋院では，14歳未満なら，男女，国籍を問わずなれる可能性がある。ただし，在籍できるのは基本的に18歳まで。

http://www5.hokkaido-np.co.jp/motto/20030913/qa1.html　2010.1.16 確認。

奨励会は，日本将棋連盟の制度で「三段から6級までで構成されており，二段までは東西にわかれて行い，規定の成績を上げると昇級・昇段となります。三段になると東西をあわせてのリーグ戦を半年単位で行い，上位二名が四段に昇段し，正式にプロ棋士となります」。

http://www.shogi.or.jp/kisen/shourei/index.html　2010.1.16 確認。

36) ドン・タプスコット著，栗原潔訳（2009）『デジタルネイティブが世界を変える』翔泳社。

第2章 思考スキルとしてのモデリングとシミュレーション

はじめに

現代のわれわれの抱える問題は，大きく，複雑なもの，あるいは少なくとも複雑な環境下にあるものが多い。Homer-Dixon（2000）はその種の問題と解決の難しさが多く取り上げられている。

問題解決に関係するものが局所的であったものが広域化していることも関係あるであろう。例えば，かつて調達や供給を考えるときには，自社サイドの最適化を考えることが第一であった。しかし，サプライチェーン全体の最適化を考えると，様々な組織やルール，人々が関係するため，おのずと大きく複雑なシステムになる。

また，サプライチェーン全体の中においては，Acerの経営者であるスタン・シーの提唱によるスマイルカーブ現象が指摘されている（Dedrick他，1999参照)。すなわち，サプライチェーン全体で見ればキーデバイスの設計製造といった川上工程，サービスやサポートの提供といった川下工程が収益を得る源泉になるというものである。これは各企業の内部においても見られる現象である。製造業であれば企画開発，サービス業であればコンサルテーションといった川上部分の工程と，メンテナンスや運用保守，そしてアフターケアといった川下工程こそが収益性が高くなり，競争力の源泉になるという現象が多く見られるようになってきた。モノが満ち溢れ，サービスが身近になってくるに従い，あらゆる先端商品がコモディティ化を避けられない。コモディティ化を避けるためには，川上や川下に目を向けることが必要な時代になった。

こうした流れは，必然的に企業を「複雑な問題への取り組み」に直面させる。

川上工程で取り扱う技術やプロジェクトマネジメントは，多くの要素と高い不確実性を含む。川下は主にサービスの実施が当てはまる。サービス品質の鍵となるサービス提供者の能力は，工場のロボットなどと比較にならないほど大きくばらつく。これに加えて，サービスの満足度は，サービス提供者と共に需要者もサービスの実現に関与することが多いため，一定方式の改善で高められるとは限らない。このように，川上と川下に改善の手をつけるとなると，複雑なシステムのマネジメントゆえに中間工程の合理化とは異なったレベルの難しさがある。

こうした複雑な問題のトラブルの原因は，直感的な理解を超えたところにあることが多い。われわれの思考の多くは経験からの類推に基づいているとされている（Holyoak と Thagard, 1995）。かつてのように，問題を局所的に捉えることで十分であれば，「何が必要とされているのかが，これまでの経験から類推され得る」状態であるといえる。その場合，必要とされているものを効率よく得ることが競争優位の源泉であった。しかし，複雑な問題の場合，「困った状況にある」ということは認識できても，それを解決するための急所，すなわち必要なアクションは何なのかは容易に想像できないことが多い。

適切にアクションを起こすことができなければ，どんなに経営資源を投入しても十分な効果がない，あるいはむしろ逆効果になってしまうこともある。「何かすればよいというものではない」ということは感じていても，対処を急ぐあまり，あるいは検討のノウハウがかけているために「うまくいくかどうかはわからないがやってみる」と蛮勇をふるうことになってしまう例もしばしば見られる。

しかし，限りある経営資源を限りある時間で効率的に使わなければ，問題の複雑さいかんにかかわらずコストの増大を招くのみで合理的な行動とはいえない。複雑な問題に対処するためには，「問題を生み出す構造」を見抜き，その構造を適切に変更する意思決定と行動が必要である。

問題を生み出す構造をあらわすために，われわれは意識するしないにかかわらず「モデル」をつくる。モデルについての詳細は次節以降に述べる。ここでは簡単に，「認識した事実とその事実間の関係を，客観的捉えられるように表現したもの」とする。つまり，どんなヒト・モノ・カネ・情報が関係していると考えているのかを，記述したものである。モデルはもともと，考察している人の頭の中にある。しかし，この章では他者に問題の説明や解決方法の提案をする際にモデルを使うことを念頭において，何らかの形で記述した，他者から見える状態になったモデルのみを扱う。

モデルをベースにして問題の根幹を探ることにより，「きっとこれが良くないのだ」，「あの部署が怠けているからだ」といった思い込みによるバイアスを避けることができる。また，バイアスのあるモデルができたときに，それを他者が見て指摘し，より適切な認識をすることにつながることもある。

このようにモデルをつくり，他者が見ることができる形で表現することは，複雑な問題に対処するに当たっては欠くべからざる行為である。しかし，モデルを記述しただけでは複数の解決策が提案されたときにどれが適切であるかを判断するのは困難である。また，何をどの程度の量で投入するべきかを計算することや，将来のある時点でどの程度の量，あるいはインパクトになるのかを予測すること，そして解決策のもつリスクの大きさを判断することには何らかの論理的な判断や計算が必要である。このような判断や計算を行うことを「シミュレーション」と呼ぶ。

複雑な問題に直面することが日常的である現代，「モデルをつくる力」と「シミュレーションを行う力」は大変重要なスキルである。そこで本章では，複雑な問題を生む「複雑なシステム」についてその特徴を述べ，そのようなシステムの制御ためのスキルとして「モデルをつくる力」と「シミュレーションを行う力」について述べる。

1 複雑なシステムのマネジメント

Sterman（1994）は，複雑なシステムは次の4つを包含していると指摘している。

- 不確実性：ある事柄の生起確率や確率分布の形状がわからない
- 複数の相互依存関係：変化は双方向で影響を及ぼす
- 非線形性：推移は線形的な変化だけではない
- 遅れ：ある変化の影響が別の影響を引き起こすまでには時間がかかる

このうち，相互依存関係はさらにフィードバックループの存在を示唆している。フィードバックループとは，要素間の因果関係を考えたときに，因果関係の連鎖が円環を描いているものをいう。すなわち，ある要素の変化が，将来のその要素の変化の原因となるような因果関係構造のことである。

一般に，こうした複雑なシステムの振る舞いを人が頭で事の成り行きを予測するのは困難である（Sterman，1989）。人は複数のフィードバクループを含むシステムの因果関係を把握することや非線形な振る舞いを受け入れることが困難であり（Sterman, 1994），遅れの影響に気がつかないことが多い（Diehl & Sterman, 1995）ためである。

このように指摘を受けている以上はそれに対処するのは困難なことではないように思いがちである。しかし，現実にはこうした問題を克服することは容易ではない。Sadler（1998）によれば，人はイメージに反することを学びたがらない。また，Sweeny と Sterman（2000）は，数学的なトレーニングのみではフィードバックループ構造のバックにあって非線形性を生み出すストックとフローの概念を身につけることはおおむね不可能であることと，この不可能性は一般的に行われている教育における達成度とは無関係であることを説明している。従って，複雑なシステムをマネジメントするためには，これまで一般的になされてきた教育やトレーニングとは異なる，新たな力を人々は身につける必要がある。

一般に，フィードバックループ構造のあるシステムでは，強制的な介入や意図しない「ショック」が起きても，状況を根本的に変えることにならないことが多い。つまり，システムそのものが事の成り行きを支配しているのである。

この場合，システムの構造を変化させなければ将来の変化を引き起こすことはできない。つまり，Davidsen（1996）の指摘する通り，システムの変更こそ将来の変化，つまり改善であり，システムの構造を知り，システム構造を設計する，あるいは改善する力が，複雑なシステムである現実の問題に対処するために不可欠である。Paich と Sterman（1996）は，ビジネスゲームを学習のために利用する際にもフィードバッグ構造やその影響について学ぶことがゲームを使った学習を意義あるものにするためにとりわけ重要であるとしている。

複雑なシステムになりがちなサービス提供の場面について見てみると，提供主体がヒトである場合とコンピュータソフトウエアである場合とがある。提供主体がヒトである場合は作業の質の不安定性，あるいは顧客満足の不確実性が常に存在する。これに対して，特にネットワーク上で提供されるサービスは，事実上コンピュータソフトウエアがサービス提供者となっており，少なくとも提供品質のばらつきに関しては安定していると考えられる。

しかし，一方でデメリットもある。ソフトウエアが主体となることにより，サービスの提供という複雑なシステムの一部は，それ自体も複雑なソフトウエアが占めるということになる。ヒトがサービス提供の担い手である間は，様々な暗黙知を１人の脳で受け止めてブラックボックス化して，現場の複雑さを隠蔽してきた部分があった。しかし，ソフトウエアがそれを代替するということは，隠蔽されてきた複雑なシステムをすべて形式知として記述することになり，膨大な情報とその間の関係との絡み合いを表出させることになる。つまり，システムの「見かけの複雑さ」が上昇するといえる。この状態において，サービスの更新は，ソフトウエアの更新ということになる。つまり，もはやソフトウエアは単なるツールではなく，ヒトと並ぶ重要な資源となってくる。

「コンピュータやそのソフトウエアはツールであり，それを利用していかに高付加価値を生み出すかが重要である」という主張はしばしばなされている。しかし，これまでにないキーデバイスの企画や設計，開発を行う際や，新奇性の高いサービスを提供しようとしたとき，それを実現する方法を立案したり，設計を行ったり，また必要なソフトウエアを企画や開発あるいは組み合わせたりすることができなければ，結局その競争力は実際の設計あるいは開発を行う他者に依存したものにならざるを得ない。つまり，これまで場合によっては「単なるツール」「必要なものを調達すればよい」と軽視されがちだったものが，複雑なシステムとしてのビジネスの川上と川下で競争を行うために重要になったといえる。

こうした複雑なシステムをマネジメントするには，そのシステムの構造を理解することが不可欠である。川下で現れるソフトウエアの開発も，このシステムの一部に包含されると考えてよい。こうしたシステムの構造を，特定の問題解決のために必要な特徴を残して抽象的に記したものを「モデル」と呼ぶ。そして，モデルを構築することを「モデリング」または「モデル化」と呼ぶ。

2 モデルとモデリング

2-1　モデルとはなにか

森田（1997, p. 87）はビジネスにおけるモデルについて，「ある問題とそれを取り巻く構造」であるとしている。構造に注目することによって，個別の事情で重要ではないものを捨象し，解決の一般化を行うことが可能になる。また，個別の重要ではないものを取り除いて構造を見渡すことにより，改善や解決のための「急所」を探しやすくなる。また，類似の構造をもつ，異分野のモデルを援用する糸口になることもある（森田，1997，p.107）。

この，構造を明確にすることは，「どのような要素が含まれているのか」を明確にするだけでなく，「要素間の関係」をも示すことにつながる。ここでの要素とは，ヒト・モノ・カネ・情報・タイミングなどの経営資源や，それによって構成されるものである。

個別の要素は，観察によって見出すことが可能である。要素はいわば「見える」存在である。しかし，要素間の関係は，ある文脈のもとで決まってくるものであり，問題分析者の視点や重要と考えているポイントによって変わってくる場合がある。このことは，モデル化してもともとは「見えなかった」はずの要素間の関係を「見える」状態にすることにより，モデリングを行う者の先入観や問題認識を本人以外にも理解させることができることを意味している。

複数の人が集まってモデリングを行うこと，すなわち「group model building」は，複雑な問題に取り組む際の組織のパフォーマンスを向上する（Vennix，1996，p.2）。一般に，人は物事の成り行きを因果関係に基づいて理解しようとする（Weiner，1985）。しかし，これは一方向で短い連鎖など，単純な因果関係について探索するというのみであり，Dörner（1980）は因果関係が複雑に絡み合った中での因果推論は，人々の困難とする所であることを指摘している。従って，複雑な現実の問題を取り巻くシステムをモデル化するためには，複数のメンバーで分析を行うか，常にモデルについてレビューするとよい。

モデルの質を高めることのほかに，複数の人がモデリングに携わることによって促される「携わった人々の学習」の効果は無視できない。これは単にモデリングの技術について学習するということではない。モデルとして表すことにより，様々な視点や意見が共有されていく。その過程で他のメンバーから様々な情報を得て，学びを深めていく。

Sfard（1998）によれば，学習は「知識の獲得」という面と「獲得した知識を利用できる人と認められること」という面があるという。モデリングを通してなされる知識の獲得とは，問題の理解を共有することと他者のアイデアをえるということである。また，獲得した知識を利用できる人と認められるということは，同僚との信頼関係の強化と考えられる。

Checkland（1985）は，「他者から学ぶ能力」に組織の能力は依存していると述べている。また，De Geus（1988）は「メンバーの学ぶ能力が唯一の将来にわたって持続可能な組織の競争力の源泉となるものだろう」としている。さらに，Stata（1989）は個人がばらばらに学習することのほかに「組織として学習すること」が持続的競争力の礎であるとしている。

Spectorら（2001）によれば，現実の問題を現実の同僚と共に取り組みながら学習することは，学習の深まりのみならず，そこで生まれた新しい施策を熱心に遂行する土壌となるとしている。例えば，自分が他のメンバーの「役に立ちたい」と自発的に思い，「自分がさぼっているわけにはいかない」と考えるようになるという。これは，メンバーが一緒に学ぶことにより，メンバー間で本質的，あるいは現実的なつながりが生まれ（Phillips，1984），それによって問題理解や解決方法の候補について共有が図れる（Eden，1992）ことによると考えられる。このように，企業や組織のメンバーの学習を促進することは大変重要であるので，モデリングは単に問題解決の手段とされるのではなく，学習の場とすることも意識されるべきであろう。

こうした学習を促し，問題解決に関与する人々の間のコミュニケーションにモデルを「共通言語」として利用できるために，モデルは構築した人とモデルを見せられた人の経験や思考傾向に依存しない形式で記述されることが必要である。従って，一般にモデルは，文法が厳しく定められた形式，例えば数式か，描画方法を定義された図を利用したもの，あるいはその混合が多い。

2-2　モデルの種類

モデルの表現方法は大きく分けて「定量的表現」「定性的表現」及びそれら

の混合がある。

定量的表現は，おもに数式を用いてモデルの構造を表すものである。数式による表現がなされることにより，関心を持つ量がある条件下でどのような値をとるのかをはっきり知ることができる。一般に，数式で使われる演算子や記号の解釈は人や分野によって異なるものではなく，表現内容を明快に他者に伝えることができる。このことは，モデルに矛盾がないかを確認するうえでは大変便利な特徴といえる。

しかし，数式による表現は必ずしも多くの人々に身近といえる状態ではない。日本においてもそれを指摘した書籍（岡部 他，1999）がある。これは一般学生や社会人のみのことではなく，政府の報告書（文部科学省科学技術政策研究所，2006）によれば，専門家においても「数学離れ」は進んでいるようである。

従って，数式のみによるシステムの表現は「読める人には明快」な表現であるものの，「読める人は少ない」という状況になりがちである。これは，構造を誤解なく表現できるにもかかわらず，現実的にはモデルをブラックボックス化してしまうことになり，モデリングのメリットとしての「学習」の効果を減殺してしまいかねない。また，数式が身近でないということは，複雑なシステムのモデリングを行うに当たって，モデリングを行う者にとって単純な数式表現を目指すあまり，「本質的な複雑さ」を捨象してしまい意味のあるモデリングにならない可能性も否定できない。例えば，現実にある非線形的な関係を，取り扱いの容易な線形の関係にしてしまうといったことは，特に解析的にモデルの特徴を調べることが求められる際になされることである。これらの点は，定量的な表現を行う場合のデメリットといえるであろう。

定性的表現は，図や文章を中心とした表現をする。このうち，文章による記述は，記述するにも読解するにも立場にかかわらずバリアが低いと考えられる。一方で「モデルの矛盾や誤りを発見することが困難になる」，「用語法が人によってばらつきがある」，「解釈に幅がある」といった問題がある。

用語法と解釈を限定し，誤解なく読み取られるようにすると，文章が長くなり，一層矛盾を発見することが困難になる。一方，描画方法を定めたうえで図を用いれば，モデルの構造を直感的に把握できるようになり，文章でモデルを記述する時の問題を軽減あるいは回避できる。

図によるモデルの表現には，様々なメリットがある。まず，数式や長い文章と比べると，検証しようとする人への心理的な負担が軽い。また，数式や文章は，一列に並んだ状態で情報が並ぶ。一方で，図を利用することで平面的に表現することが可能になる。これは，モデルの構造を表現するうえでは大きなメリットとなる。また，一覧性が高いため，関心のある部分を見つけ出すことも数式や文章より容易であろう。

複雑なシステムを扱うに当たって，要素と要素間の関係を図示して一覧することは，「検討対象がどの範囲に及んでいるのか」，「さらに知るべきことはないのか」を考察することに役立つ。人は自分の関心のある対象に近い範囲しか検討対象にしないことがある。しかし，その外側まで検討することで問題に本当に関与している要素を見出すことができる場合もある。その境界線を超えて検討するきっかけに，図による表現はなりえる。Wolstenholme（2003）はこの境界線を「systems' boundaries」と呼び，モデリングの際に常に意識するように促している。

また，複雑なシステムは多くの要素を含むことが多い。モデルをコミュニケーションツールとして使うとき，すべての要素を詳細に示すと，長い文章を読ませることと同様にモデルを読もうとする人に負担が大きい。その場合は，モデルの詳細要素を包含するグループを考え，それらの関係を示すほうがよい場合もある（Davidsen，1996）。ただし，その際に図をブラックボックス化することは，学習効果を減殺する（Spector & Davidsen，1997）。一般に，関心のある部分の「舞台裏」，つまりモデルの構造を見せることは，学習者の理解を促進する。このような解像度の変更も，図でモデルを構築しておけば容易である。

このようにモデルを図で表すことには様々なメリットがある。手法の中には，図のみを使って変化の方向性を知る定性的なシミュレーションが可能なものもある。例えば，定性的システムダイナミックスがあげられる。なお，定性的システムダイナミックスは，システムズシンキング，システム思考，あるいはシステムシンキングとも呼ばれる。しかし，図があるだけでは「いつ，どのような状態になるのか」，「この条件変更はどのくらいインパクトがあるのか」を知ることはできない。こうした疑問に答えることは，現実社会では常に求められていることなので，定性的な図を用いたモデリングと定量的なモデリングを組み合わせて使うことが多い。

2-3 モデリングの実際

モデリングを行う場合，コンピュータソフトウエアを利用することが多い。ほとんどのソフトウエアは，数式の入力を行うか，専用のプログラム言語によりモデルを示すか，あるいは図をインターフェースとして用いて，コンピュータソフトウエアが計算に用いる定量的なモデル，すなわち数式やプログラムを生成する。

図をインターフェースとする例として，今日のシステムダイナミックスのモデリングを行うソフトウエアの多くがあげられる。これらはまさにシステムの構造を分析者が図として描くと，同時にソフトウエアが必要な関係式を生成する。また，構造方程式モデリングあるいは共分散構造分析のためのソフトウエアも，図の入力によってモデルをコンピュータに入力するものが多い。

コンピュータを利用することにより，モデルの文法的な誤りがないかどうかを自動で確認することができ，またモデリングに続くシミュレーションを同じソフトウエアで行うことができるので，分析に便利である。また，モンテカルロシミュレーションなどの多くの繰り返しを必要とする実験も可能になる。得られた計算結果の再利用も行いやすい。

2-4 モデリングの現状

モデリングがどの程度普及しているのかを指し示す指標はまだ存在しない。しかし，極めて限定されたプロセスのモデル化を実践した結果がコンピュータのプログラムであるとするならば，現時点の日本の相対的な立場はあまり優位にあるとはいえない。例えば，平成15年総務省「科学技術研究調査」への回答で，社内で研究開発活動を実施していると回答した資本金10億円以上の民間企業1,951社に対する調査（文部科学省科学技術・学術政策局，2005，p. 21）によれば，民間企業はアメリカとヨーロッパに対して，すでにソフトウエア技術力は劣位にあり，対アジアについてはその時点で有意であるものの優位性は落ちていっていると認識していることが明らかになっている。また，平成20年の科学技術白書（文部科学省，2008）によれば，ソフトウエアについては3000億円以上の輸入超過となっている。比較的限定された範囲でのモデル化といえるソフトウエアの開発でこの状況では，現状の日本のモデリング力が高いと楽観することは困難であろう。

モデリング力は他のスキルと同様に，誰であっても学習し習得することが可能である。また，複雑なシステムである現実の問題を理解し解決するために必要である。前述のとおり，今日ではモデリングを容易に行うためのコンピュータソフトウエアなど道具立てはすでに揃っており，モデリングを学ぶためのバリアはない（MorecroftとSterman（1992）参照)。そうである以上，専門家ではない「ごく普通の人々」も複雑なシステムに直面している今，誰もがモデリングを学ぶべき時が来たといえよう。

3 シミュレーション

つくられたモデルは，それを使って有効な知見を得られなければならない。その時に行うことは「シミュレーション」である。シミュレーションとは，モデルの各要素が時間を追ってどのように振る舞う，あるいは変化するのかを確かめることである。シミュレーションには「定性的シミュレーション」と「定量的シミュレーション」がある。定性的シミュレーションは，モデルの定性的な記述が完了した後，直ちに行われることが多い。

モデルの定量的な記述が終わった後は，定量的シミュレーションにより，まずモデルの有効性の検証をする。モデルの有効性は，モデルそのものの観察によることのみでは不十分である。シミュレーションを実行することで発見できるモデリングの不適切な点もある。例えば，「モノの個数は正の値のみをとることが想定されるにもかかわらず，負の値を示してしまう」，「部分集合の量が全体集合より多い」，「現実に0となることがある変数で別の変数を除している」などは，シミュレーションをしてみて発見されることが多い。

それが済んだあと，定量的なシミュレーションで予測や分析を行う。予測や分析とは，様々な条件を与えて，何が変化を引き起こす，あるいは改善を実現する急所なのか，問題の根源なのかを知り，どんなタイミングでどのような介入や変更を行えばよいのか，またリスクはどの程度あるのかを確かめることである。

3-1　定性的シミュレーション

定性的シミュレーションとは，モデルの構造から変化の方向性を予測するシミュレーションである。要素に代入される数量や要素間の関係を表す数式の定義を行わず，また時点の特定も行わずに，要素の推移方向，すなわちそれぞれの要素が増加するのか，減少するのか，あるいは振動するのかを構造から推測する。定性的シミュレーションは，思考実験と呼ばれることもある。

例えば，定性的システムダイナミックスの場合，定性的シミュレーションは特にコンピュータなどの道具を必要とせず，構造を記述するための紙とペンさえあれば可能である。記述された構造を元に，ありうる要素の振る舞いを予測する。

現実には，多様なフィードバックループや遅れの存在のパターンがあることから，1つの振る舞いを予想することは困難である。そこで，アーキタイプarchetypeとよばれる「よく見られる構造」と，それに対応する振る舞いの例が整理され，提供されている。なお，アーキタイプはシステム原型などと訳されることもある。広く受け入れられているものとしては，Senge（1990）とそれに続くSengeら（1994）の書籍にまとめられているもの，KimとAnderson（1998），そして異なるコンセプトのものとしてWolstenholme（2003）のものがあげられる。これらは，現実の世界にしばしば見られる「なぜか誰もが陥る困った状態をもたらす構造」をまとめたものである。

なお，これらのアーキタイプは現実に問題が起きたときに，それをどれかのアーキタイプに当てはめるような使い方をするべきものではない。そのような使い方の背景にある態度は，当てはめた者の価値観や問題の把握を他者に説明するために使うようなもので，自己防衛的なモデリングを行う人の態度と同じである。

アーキタイプはこれまでに見出されたシステムで，問題の現況としてしばしば表れるものをまとめたものであり，困っている人に渡す処方箋ではない。Lane（1996）はアーキタイプについて「システムに関する見識を良くまとめたもので，実際に役立つ」と述べている。つまりアーキタイプは，むしろ現実の問題とは切り離して，実際に問題に直面したときに冷静かつ合理的に対応できるようにするために残された「古人の知恵」であり，各人の「予習」に役立てるべきものである。

定性的シミュレーションは道具も要らず，また，直感的であるため大変便利である。しかし，量的表現がないからこその限界もある。WarrenとLangley（1999）は，「蓄積されてきた量の潜在的影響力を過小評価する」，「変化の規模がわからない」という点を指摘している。また，遅れがどのような影響を及ぼすのかを見ることも難しい。

従って，定性的シミュレーションのみで重要な意思決定を行うのではなく，あくまでも，ブレインストーミングや定量的シミュレーションの前段階での利用とすることが望ましい。なお，定性的システムダイナミックスモデルを定量的システムダイナミックスモデルに変換する方法としてはTakahashi（2008）などがある。

3-2　定量的シミュレーション

3.2.1　モデルの有効性の検証

各要素に値や数式を定義し，要素間の関係を確定して計算可能になったモデルを利用すれば，定量的シミュレーションが可能になる。定量的シミュレーションが可能になった時点ではじめに行うべきは，モデルそのものの有効性の検証である。

モデルはもともと実際に存在する姿やあるべき姿の特徴を残しつつも，様々な知見を得るために単純化されたものである。また，根本的に「あらゆる要素をもれなく正しく記述する」ということは望むべくもない。従って，BoxとDraper（1987, p.424）の指摘するとおり，「すべてのモデルは誤っている」ことになる。一方で同時に指摘されているとおり「便利なモデルもある」のは事実であり，モデルの有効性の検証というのは「正しいモデルを探す」ことではなく，当初のモデリングとシミュレーションの目的にかなう「便利なモデルになるようにモデルの改善を行う」プロセスであるというべきであろう。

モデルの有効性の検証は，モデリングを行った人とモデルを利用する人の両方にメリットがある。それは，モデリング過程と同様に「学習」のチャンスがあるということである。この点を活用するため，モデリングを行う者は常にモデルについて「自己防衛的」であるよりも「思慮に富んだ」人であるべき，あるいはせめてそれを目指すべきである。IsaacsとSenge（1992）はこの点を強調している。彼らの指摘によれば，自己防衛的なモデリングを行う人の態度は，何か起きたことを再現することを重視し，仮定を隠し，都合の良いデータを使い，予見やあらかじめ望んでいる解決策や権威，権力者，そしてモデルをつくる人自身の意見にあうようなモデルをつくる。これでは，はじめから「見えないものを見る」ことを拒んでいるので，学習する余地はない。また，誤った思い込みをリーダーや集団が行っていても，それを助長するのみで集団にとってのメリットがないばかりか危険である。これに対して思慮に富んだモデル構築者は，質問や確認を自ら誘発し，仮定を明らかにし，様々な条件でのシミュレーションを行い，常識や予想に挑戦し，モデルを使って何かしようとする利害関係者の真の力になるように行動する。

モデルを構築する人が「思慮に富んだモデル構築者」であることが重要であることはいうに及ばない。しかし，現実には様々な人間関係や業務の都合からモデル構築者自身の努力でそれを実現することが難しい場合もある。例えば高圧的な上司がいてモデル構築者に圧力を感じさせているならば，モデル構築者はおのずと自己防衛的なモデル構築者となってしまうだろう。モデル構築者が思慮深くあり続けられるように環境を整えるのは，モデルを使って組織やそのパフォーマンスを改善したいと思う全員のつとめであるといえよう。

Sterman（2000，p. 858）は，これに加えて文書化を行うことの重要性と，再検証のための準備の重要性をあげている。モデルは一般的に「誤解なく」読まれるべき表現をしているはずである。しかし，誤解されて読み取られる，あるいは誤って記述していることがわかるのは，他者によるモデルの読解とそれに対するコメントや意見が寄せられた後のことである。しかし，現実にはそのようなチャンスがなかなかなく，すでにモデルが大規模になってしまって他者による検証が難しくなってからになる可能性がある。

このようなことを避けるため，何をモデル化しているのか，どんな範囲のことを考えているのか，どんな変数を採用したかをわかりやすく文書化しておくことは大切である。もちろん，時間を経た後，モデリングを行ったもの自身が思い出すためにも必要である。再検証を他者が行えるようにするのは，単にモデルを公開するということではない。様々な仮定条件や利用したデータの提供など，多岐にわたる。しかし，これを行うことで「ちょっと見てみよう」という同僚が増え，チームとしての学習が実現するのである。もちろん，モデルの品質が高まることも期待できる。

また，Sterman（2000，pp. 858-889）はモデルそのもののテスト方法を紹介している。このテストは主にシステムダイナミックス手法を念頭にまとめられている。しかし，実際にはどのようなモデリングあるいはシミュレーションであっても利用を検討すべきである。特に，シミュレーションの技法を問わず重要と考えられるものとして「モデルの対象とする範囲は適切か」，「因果関係は正しいか」，「次元や単位に矛盾はないか」，「各変数の変化はどの程度結果に変化を及ぼすか」があげられる。

モデルの対象とする範囲が狭いと，フィードバックループ構造や影響の時間的遅れを見過ごすことがある。これらを検討すべき中長期的なシミュレーションを行う場合や，隠れた問題点を探し出したいときは，広めにモデル化の範囲を設定するべきである。Sterman（2002）は「ほとんどの変数は内生的である」と述べている。

モデリングを行うことに慣れていない間は，モデルで利用する情報の多くを「外部から与えられる要素」として定義してしまう傾向がある。それは言い換えると「問題となっているできごとやシステムの振る舞いは，自分の組織の外部の力によって起こっているのであって，内部には一切問題の種はない」と認識していることになる。現実には内部で可能なことや，外部に働きかけることも可能なことが多い。モデリングの対象範囲は「はじめは見通せる範囲で，次はその一歩外まで」と，広げていくくらいのほうが良い。このモデリングに伴う思考が，組織の外部とのコミュニケーションの効率化につながることも多い。

因果関係は，思い込みによって誤って記述してしまうことが多い。特に，原因と結果の判別が重要なモデリングではこの確認は大切である。例えば，人口の推移をシミュレーションしようと考えたとき，「『出生率』は『出生数』に影響を与える」とする初学者が多い。しかし，ヒトの誕生は誰かが「出生率」という値をきめて発表した瞬間に決まるのではない。実際に出生した数を人口で割って計算するのが出生率である。情報はいったいどのような順序で生み出されているのかを確認することは，モデリングに慣れてからも重要である。

次元や単位の確認は，そのモデルが意味のあるものになっているかどうかを決める重要な点の確認といえる。どんなに現実の過去のデータにフィットしていても，無意味な計算には意味がない。どこかの店舗の来店客数の5乗の数に何らかの数が一致していたとしても，来店客数の5乗というものに意味があるのかはにわかに理解しがたい。店員の体重の合計とその日の円ドル為替レートを足し算した値が何かの値に仮になっていたとしても，そのような計算の意義を認めるのは難しい。説明できない数や式をモデルに投入するのは意味のないことである。

また，モデルに与えられた数量的な定義に問題はないかを確認するため，各変数を1つずつ変化させてみることも必要である。ある特定の数にだけ鋭敏に反応するような場合は，数式に誤りがないか確認をするべきである。

3.2.2 予測と分析

モデルの有効性の検証が済んだ後は，様々な条件を設定した上で実際に計算を行う。ある1つの値でのシミュレーションでは，モデリングとシミュレーションを行ったことによる恩恵はほとんどない。コンピュータを利用して繰り返しシミュレーションできる以上は，考えうる様々な条件でシミュレーションを実行し，対象のシステムの傾向をつかむべきである。

一定の値をとるわけではない要素については，乱数を利用して複数回のシミュレーションを行う。関心のある変数の推移について，平均とある確率の下での平均を区間推定した際の信頼区間，あるいは中央値とパーセンタイルを計算して，検討している施策のリスク分析を行う。乱数の種類を選択する場合は，当該変数の確率分布に従うものを利用する。もし，確率分布がわからない場合は，全範囲にわたって乱数の発生確率は同じである一様分布か，平均近辺の乱数の発生確率が最も高く，平均から離れるに従って発生確率が減少する正規分布を用いることが一般的である。

感度分析は，１つの変数のみを乱数とするシミュレーションだけではなく，複数の変数を同時に乱数にするシミュレーションも行う。なお，すべての乱数が一様分布であったとしても，ある特定の変数の分布は必ずしも「一様」とは限らない。

コンピュータシミュレーションは，そのアウトプットが極めて明確であり，それがために時としてユーザはそのアウトプットを無批判に受け入れてしまうことがある。しかし，シミュレーション結果はあくまでも不完全な「知りえた事実のみ」の集大成である。シミュレーションは「ご神託」ではない。結果を見てモデルの改善ができないか，常に考慮すべきである。

また，シミュレーション結果と現実が異なるとき，モデルの検討をするのはもちろんである。それと同時に「なぜ現実はモデルと異なっているのか」を検証することも必要である。また，複数のモデルを用意した場合は「どのような結果になってほしいのか」を考えることが大切である（森田，1997，p. 113）。

シミュレーションを「ご神託」のごとく扱うことはナンセンスである。一方で，適切なモデルから「現実と同じ道をたどらないものの好ましい振る舞い」をするシミュレーション結果が出てくるならば，「現実では達成あるいは調整できていない部分がある」と考えられる。この場合は，各変数を少しずつ変化させることで，問題のある要素を見つけ出すことができることが多い。「予測」とは異なるもののこのようにモデルとシミュレーションを使うことができれば，有効なモデル利用といえる。

4 むすび

本章では複雑なシステムとしての現代の諸問題に対応するために，現代人なら誰もが知っておくべきモデリングとシミュレーションについて述べた。現代は多くの価値観と複雑な相互依存関係がわれわれを取り巻いている。かつて自分の体験してきた範囲で問題なくこなせていたことが，今ではそうはいかなくなっていることもたくさんある。これは先達が偉大で後継者が怠惰なのではない。情報通信技術をはじめとする多くの技術によって，われわれが相手にする世界が急速に広がり，多様な価値観を前提にせねばならなくなったからであり，かつては独占できた情報を瞬時に他者も同様に得ることが可能になってしまったためである。

このような事態において，それでもわれわれは正確で適切な判断をすることが常に求められている。そのためにはモデリングにより認識を可視化し，アイデアの矛盾点を見つけて修正し，様々な状態を想定してシミュレーションして意思決定をするのが現実的である。理想的条件についてのみの特別な解答を用意することに意味はない。直面する問題について，リスクと多様な利害関係を勘案し，様々なソリューションを用意すべきである。コンピュータの普及と高速化がなされ，操作が容易なソフトウエアがそろった現代，モデリングとシミュレーションを学び，多様なソリューションを提案するスキルを持つことが，あらゆる人々に必要であろう。

[参考文献]

岡部恒治・戸瀬信之・西村和雄（1999）『分数ができない大学生』東洋経済新報社。

森田道也（1997）『ビジネスリーダーの資質』日経BP。

文部科学省（2008）「平成20年科学技術白書」。
http://www.mext.go.jp/b_menu/hakusho/html/hpaa200801/index.htm

文部科学省科学技術・学術政策局（2005）「平成16年度民間企業の研究活動に関する調査報告」。
http://www.mext.go.jp/b_menu/houdou/17/09/05090201/001/all.pdf

文部科学省科学技術政策研究所（2006）「忘れられた科学―数学」。
http://www.nistep.go.jp/achiev/abs/jpn/pol012j/pdf/pol012aj.pdf

Box, E. P. & Draper, N. R. (1987) *Empirical Model-Building and Response Surface*, Wiley.

Checkland, P. (1985) "From Optimizing to Learning: A Development of Systems Thinking for the 1990s," *Journal of the Operational Research Society*, 36 (9), pp. 757-767.

Davidsen, P. I. (1996) "Educational Features of the System Dynamics Approach to Modelling and Simulation," *Journal of Structured Learning*, 12 (4), pp. 269-290.

Dedrick, J., Kraemer, K. L. & Tsai, T. (1999) "Acer: An IT Company Learning to Use Information Technology to Compete," Center for Research on Information Technology and Organization, University of California.
http://www.crito.uci.edu/papers/1999/acer_case_10-99.pdf

De Geus, A. P. (1988) "Planning as Learning," *Harvard Business Review*, March-April, pp.70-74.

Diehl, E. & Sterman, J. D. (1995) "Effects of Feedback Complexity on Dynamic Decision Making," *Organizational Behavior and Human Decision Process*, 62 (2), pp. 198-215.

Dörner, D. (1980) "On the Difficulties People Have in Dealing with Complexity," *Simulation and Games*, 11 (1), pp. 87-106.

Eden, C. (1992) "A Framework for Thinking about Group Decision Support Systems (GDSS)," *Group Decision and Negotiation*, 1 (3), pp. 199-218.

Holyoak, K. J. & Thagard, P. (1995) *Mental Leaps: Analogy in Creative Thought*, MIT Press.（鈴木宏昭・河原哲雄監訳『アナロジーの力―認知科学の新しい探求』新曜社，1998年）

Homer-Dixon, T. (2000) *The Ingenuity Gap*, Knopf.

Isaacs, W. & Senge, P. M. (1992) "Overcoming Limits to Learning in Computer-based Learning Environments," *European Journal of Operational Research*, 59 (1), pp. 183-196.

Kim, D. H. & Anderson, V. (1998) *Systems Archetype Basics Workbook: From Story to Structure*, Pegasus Communications.（ニューチャーネットワークス監訳，宮川雅昭・川瀬誠訳『システム・シンキングトレーニングブック』日本能率協会マネジメントセンター，2002年）

Lane, D. C. (1996) "Can We Have Confidence in Generic Structures?," *Proceeding of the 1996 International System Dynamics Conference*, pp. 296-299.

Morecroft, J. D. W. & Sterman, J. D., Eds. (1992) "Modeling for Learning," *European Journal of Operational Research*, 59 (1).

Paich, M. & Sterman, J. D. (1993) "Boom, Bust, and Failures to Learn in Experimental Markets," *Management Science*, 39 (12), pp. 1439-1458.

Phillips, L. D. (1984) "A Theory of Requisite Decision Models," *Acta Psychologica*, 56, pp. 29-48.

Sadler, P. M. (1998) "Psychometric Models of Student Conceptions in Science: Reconciling Qualitative Studies and Distractor-Driven Assessment Instruments," *Journal of Research in Science Teaching*, 35 (3), pp. 265–296.

Senge, P. M. (1990) *The Fifth Discipline*, Currency.（守部信之訳『最強組織の法則―新時代のチームワークとは何か』徳間書店，1995年）

Senge, P. M., Kleiner, A., Roberts, C., Ross, R. & Smith, B. (1994) *The Fifth Discipline Field Book*, Broadway Business.（柴田昌治訳『フィールドブック 学習する組織「5つの能力」企業変革を進める最強ツール』日本経済新聞社，2003年）

Sfard, A. (1998) "On Two Metaphors for Learning and the Dangers of Choosing Just One," *Educational Research*, 27 (2), pp. 4-12.

Spector, J.M. & Davidsen, P. I. (1997) "Creating Engaging Courseware Using System Dynamics," *Computers in Human Behavior*, 13 (2), pp. 127-155.

Spector, J. M., Christensen, D. L., Sioutine, A. V. & McCormack, D. (2001) "Models and Simulations for Learning in Complex Domains: Using Causal Loop Diagrams for Assessment and Evaluation," *Computers in Human Behavior*, 17 (5/6), pp. 517-545.

Stata, R. (1989) "Organizational Learning—the Key to Management Innovation," *Sloan Management Review*, 30 (3), pp. 63-74.

Sterman, J. D. (1989) "Misperceptions of Feedback in Dynamic Decision Making," *Organizational Behavior and Human Decision Process*, 43 (3), pp. 301-335.

Sterman, J. D. (1994) "Learning in and about Complex Systems," *System Dynamics Review*, 10 (2/3), pp.291-230.

Sterman, J. D. (2000) *Business Dynamics*, McGraw-Hill.

Sterman, J. D. (2002) "All Models Are Wrong: Reflections on Becoming a Systems Scientist," *System Dynamics Review*, 18 (4), pp. 501-531.

Sweeny, L. B. & Sterman, J. D. "Bathtub Dynamics: Initial Results of a Systems Thinking Inventory," *System Dynamics Review*, 16 (4), pp. 249-294.

Takahashi, Y. (2008) "Dynamic Simulation Modelling Using Descriptive Information in Natural Language," *International Journal of Simulation and Process Modelling*, 4(3/4), pp.215–222.

Vennix, J. A. M. (1996) *Group Model Building*, Wiley.

Warren, K. & Langley, P. (1999) "The Effective Communication of System Dynamics to Improve Insight and Learning in Management Education," *Journal of the Operational Research Society*, 50 (4), pp. 396-404.

Weiner, B. (1985) " 'Spontaneous' Causal Thinking," *Psychology Bulletin*, 97 (1), pp. 74-84.

Wolstenholme, E. F. (2003) "Towards the Definition and Use of a Core Set of Archetypal Structures in System Dynamics," *System Dynamics Review*, 19 (1), pp. 7-26.

URL はすべて 2010 年 1 月 10 日時点のものである。

第3章 eラーニング

はじめに

コンピュータをはじめとする情報処理・通信技術の飛躍的発展により，現代社会では，従前と比較して，活用され得る情報の質・量が増大すると共に，こうした技術を基礎としてインターネットが社会全体に普及したことで，情報の活用のあり方も大きく変化してきている。このような変化は学習活動やそれを支援する教育活動にも影響を与えており，これらの活動において，情報処理・通信技術を積極的に活用することが議論されている。その1つが，いわゆる「eラーニング（e-Learning）」に関する議論と考えられ，それは「新しい」学習活動の形として注目を集めている。

eラーニングに関する議論の特徴の1つは，様々な方向への広がりを有するところにある。例えば，伝統的な教室における授業による学習活動を出発点として見てみると，eラーニングの典型例として，インターネットを介した遠隔授業があげられる。これは，情報処理・通信技術を活用し，学校での授業による学習活動に内在する地理的限界を克服しつつ，同期的な授業を達成しようとするものといえる。また，インターネットを介した遠隔授業と同じくeラーニングの典型とされる授業を録画したDVDを利用した自習については，時間的限界を克服しようとするものといえる。さらに，その双方の克服を目指そうとするものとして，WBT（Web-Based Training）をあげることができる（図表3－1参照）。

もっとも，eラーニングに関する議論が様々な方向への広がりを見せていることは，eラーニングの意味・内容を不明確にし，その全体像の把握を困難にしていているという問題を生じさせていることは否定できない。

そこで，本章では，はじめにeラーニングに関する過去の議論を整理し，その概要を把握し，eラーニングに関する議論をどのような視点から進めていくべきか確認した上で，その具体的な内容について検討していく。

図表3－1　eラーニングに関する議論の展開の例

	同期的	非同期的
学内	授業による学習	授業を録画したDVDを利用した自習
学外	インターネットを介した遠隔授業	WBT

注：矢印は議論の方向性を表している。

1 eラーニングをめぐる議論の概要

一般に，学習活動は，知識・技能の習得を目指して，それらにかかわる情報の収集・分析・理解・発信をはじめとする情報処理・通信活動を営むことを主な内容とする。従って，学習活動において情報処理・通信技術を利用できる可能性は多岐にわたり，そのためか，eラーニングに関する議論は様々な方向へと広がりを見せている。ここでは，これらの議論を整理しつつ，本稿において，どのような視点から進めていくか確認していく。

1-1　定義に関する議論

学習活動の性質に照らし，学習活動やそれを支援する教育活動において情報処理・通信技術を利用することは自然な流れといえる。むしろ，効率的な学習活動を遂行する，もしくは，遂行させることを目指すのであれば，情報処理・通信技術を積極的に活用すべきである。eラーニングもこうした考え方の延長線上にあるものと解される。

実際，社団法人私立大学情報教育協会（2005，p. 1）は，「インターネットを介して教材や授業録画の反復使用，理解度の点検・把握，メールによる個別指導など教授方略を実現するeラーニング」として，eラーニングを，現在の代表的な情報処理・通信技術であるインターネットの利用を前提とするものと位置付けることを明らかにしている。また，佐藤（2001）は，インターネットの利用を所与のものとし，eラーニングに相当する活動に対して「ネットラーニング」という言葉をあてている。

しかし，eラーニングという言葉がいかなる学習活動を指し示しているかは現在も不明確な点が残る。もとより，eラーニングを情報処理・通信技術を活用した学習活動の一類型とする一定の共通認識が形成されていることがうかがえるものの，それらの中で具体的にどのような位置付けにあるものとして捉えるべきかに関しては，必ずしも統一的な理解が得られていない。

例えば，菅原（2005，p.29）は，情報処理・通信技術を利用した学習活動の全体を，「学習時間の自由度」と「インタラクティブ性」とを軸として捉え，その中で，「学習時間の自由度」の高低にかかわらず，「インタラクティブ性」のあるものだけをeラーニングに該当するものと位置付けようとしている。

他方で，特定非営利活動法人日本イーラーニングコンソシアム（2008，p.5）は，「インタラクティブ性」と「デジタル化のレベル」とを軸として学習活動を捉えつつ，「インタラクティブ性」の高低にかかわらず，「デジタル化のレベル」を高いとする学習活動を「広義のeラーニング」に位置付け，「デジタル化のレベル」を低いとする学習活動を「広義のeラーニング」に含めないと解する傾向にあることが認められる。

このように，両者は，eラーニングの性質を明らかにする際に，「インタラクティブ性」に着目する点で共通しているものの，eラーニングが「インタラクティブ性」を重要な要素としているか否かの認識においてまったく異なる立場にあり，この点だけに着目してみても，論者によりeラーニングの理解に大きな隔たりがあることがわかる。

もっとも，両者ともこの点を強く認識しており，菅原（2005，p.30）も特定非営利活動法人日本イーラーニングコンソシアム（2008，p.2）も，eラーニングという言葉が多義的であると指摘する。特に，後者が，近年の発行にかかるものであることを考慮すると，同書が，「eラーニングの定義については必ずしも定着したものがあるわけではない」と明確に述べた上で，「『狭義』のeラーニングは，いわゆるWBT（Web-Based Training）といわれるもので…インターネットイントラネットを利用してコンテンツ（教材）の配信が行われる」とし，続けて，「一方，『広義』のeラーニングには，衛星通信，テレビ会議，あるいはCD-ROMやDVD機器，さらには各種の電子機器…による学習も含まれる」としている記述は，現在もなお，eラーニングの意味・内容が不分明なままであることを強くうかがわせる。

そもそも，ある特定の技術を，社会の中でどのように活用できるかは，その周辺技術を含めた全体の水準により異なるものとならざるを得ない。それ故，情報処理・通信技術を利用することでどのような学習活動が可能となるかも，当該技術全体の発達状況により異なるものとなり，必然的に，eラーニングを構成する学習活動の内容も，その状況に応じて変化せざるを得ない。

例えば，前述した，菅原（2005，p.30）は，「CD-ROM」を「WBT」よりもインタラクティブ性の高いものと位置付けているのに対して，特定非営利活動法人日本イーラーニングコンソシアム（2008, p.5）は,「CD-ROM独習」を「WBT」よりもインタラクティブ性の低いものと位置付けている。両者が「CD-ROM」や「WBT」をどのような学習活動として理解しているか，両者がそれぞれを同一の学習活動と理解しているかは必ずしも定かでないものの，この相違は，Web技術の発達によるものと見る余地があると考えられる。

そして，実際にeラーニングを構成する学習活動の内容が変化していることは，eラーニングに関する議論が様々な方向へと広がりを見せていることからも読み取ることができる。

この点に着目すると，eラーニングとされる学習活動を分析し，その性質を明らかにすることを通じて，学習活動全体におけるeラーニングの位置付けを確定できるかには疑問を覚える。また，そうした分析を通じて，eラーニングという言葉が指し示す学習活動を特定し，その定義を明らかにすることに意味はないといえる（萩原，2008，p. 8参照）。むしろ，情報処理・通信技術を活用することにより，eラーニングと称して，どのような学習活動を展開することが可能となるかという分析が重要となると考えられる。

そこで，次にこうした視点からの分析について概観する。

1-2 使い方に関する議論

学習活動の性質上，その活動において情報処理・通信技術を利用できる可能性は多岐にわたることとなり，情報処理・通信技術の発展の中で，eラーニングとして位置付けられる学習活動の内容は必然的に変化することは避けがたい。そこで，eラーニングに関する議論としては，情報処理・通信技術を活用することにより，どのような学習活動を展開することが可能となるかという分析が重要となる

すでに，こうした視点からeラーニングを分析しようとする立場にあると解される論稿も示されており，例えば，佐藤（2001，p.37）は，eラーニングに相当する事柄を「ネットラーニング」と称した上で，「ネットラーニングの使い方」の章において，従来の集合教育を中心に，それを補助するための使用か，代替するための使用かという軸と，それと同期的に使用するか，非同期的に使用するかという軸に基づいて類型化している。具体的には，集合教育を補助し，それと同期的に利用する「ネットラーニング」の例として「教室での教材提供」を，集合教育を補助し，それと非同期的に利用する例として「自習用教材提供」と「情報提供」とを，集合教育を代替し，それと同期的に利用する例として「遠隔教室型」を，集合教育を代替し，それと非同期的に使用する例として「通信教育型」「CAI型」をあげる（図表3－2参照）。

図表3－2 佐藤（2001）による学習活動の分類

集合教育に対して	同期	非同期
補助的	教室での教材提供	自習用教材提供 情報提供
代替的	遠隔教室型	通信教育型 CAI型

注：佐藤（2001，p.38）図表2－1参照。

また，青山学院大学総合研究所AML IIプロジェクト（2003，p.15）は，技術的側面からeラーニングに該当する学習形態を分類するという立場から，「地理的な観点から…講師と学習者，あるいは教材を提供する側と学習する側が互いに遠隔の場面にいながら学ぶ学習形態か（遠隔教育），あるいは対面授業に

近い学習形態（非遠隔教育）」という軸と，「学習者が遠隔及び非遠隔かにかかわらず１つの教室に集合して授業や研修を受ける学習形態（集合教育）と，受講者数の制約もなく，個人的に自由な時間に，しかも個人のペースで学習できるオンデマンド型の学習形態（自己学習）」という軸を設定し，分析を行っている（図表３－３参照）。

図表３－３　青山学院大学総合研究所AML Ⅱプロジェクト（2003）による学習活動の分類

	集合教育	自己学習
遠隔教育	衛星通信遠隔授業 インターネット集合 同期型教育	CBT WBT
非遠隔教育		

注：青山学院大学総合研究所AML Ⅱプロジェクト（2003, p.17）図１－１に基づいて作成した。なお，同書は，「協調学習」を「遠隔授業」と「非遠隔授業」との双方にまたがる集合教育として，また，「VOD」を「集合教育」と「自己学習」にまたがる遠隔教育として位置付けることを明らかにしている。

これらに共通する特徴として，教育活動の下にある学習活動のみをｅラーニングに位置付けていることをあげることができる。こうした傾向は他のｅラーニングに関する論説にも認められ，社団法人私立大学情報教育協会（2005年，p.1）が，「ｅラーニングは，学生が自分の理解度に応じて学習を進め，自己診断を行い，その結果について教員の指導を適時受ける学習者主体の学習スタイル」と述べ，教育活動の一環としてｅラーニングが行われるものであることを所与のものとする姿勢を示しているのは，その典型例といえる。

これは，ｅラーニングに関する議論の全体的傾向として，教育を受ける機会をどのように拡張すべきか，学習効率を向上させることのできる教育のあり方はどのようなものかといった，教育者の問題意識を出発点とすることに由来するものと推測される。そのためか，上記の社団法人私立大学情報教育協会（2005年，p.1）の記述に続けて，「〔ｅラーニング〕を実現するために学習管理システム（LMS：Learning Management System）等を用いて，個人学習の徹底及び対面授業の充実を促進することとしている」と述べられているように，しばしば，学習管理システムをも含めた議論が展開されることとなる。

このような点に着目すると，eラーニングに関する従来の議論は，教育活動の一環として，現在の発達した情報処理・通信技術を活用することで，効率的に学習できる環境を提供するという，いわば「eラーニングシステム」の構築に主眼が置かれていると捉え直すのが素直である。

もとより，教育活動は，学習活動を支援するために，教育者とそれを受ける学習者との対話を通じ，前者が後者に対して一定の知識もしくは技能を伝え，理解・習得させることを基調とする。それ故に，eラーニングシステムの構築へ向けて教育活動を視野に入れた議論を展開することは妥当，かつ，必然的なものと考えられる。

しかし，学習者の立場からは，学習活動は必ずしも教育活動と結び付けられるべきものではない。ここに着目すると，両者をいったん切り離し，学習者の視点から学習活動を分析することも，eラーニングシステムの構築に関する議論を発展させる上で不可欠な事柄となる。そこで，学習者の視点から，eラーニングシステムの構築に関する議論がどのように捉えられるかについて，次に検討していく。

1-3 学習者の視点からの議論

学習者の立場からは，学習活動は必ずしも教育活動と結び付けられるものではないこと，また，情報処理・通信技術を活用した，効率的な学習環境の提供がeラーニングに関する議論の基軸を形成していることとを併せて考慮すると，教育活動と学習活動とをいったん切り離し，学習者の視点から学習活動一般を整理・類型化した上で，その類型化を踏まえて，教育者が各類型の学習活動に対してどのような支援を行うことができるかを考察することが，eラーニングシステムの構築へ向けた議論を発展させる上で不可欠となる。

そこで，学習者の立場からeラーニングを含めた学習活動を捉えようとするならば，まず，学習活動における人的側面に着目し，単独学習か集団学習かという軸を設定することができる。次に，学習活動においては，対象とする知識・技能にかかわる情報の収集・分析・理解・発信等の情報処理・通信活動が主たる内容となる。そのうち，前述した人的側面との関係においては，情報発信が重要な事柄になることを考慮すると，情報発信を重要な要素とする学習活動であるか否か，もう一歩踏み込んで，対話型学習か非対話型学習かをもう１つの軸として設定できる。そして，現在，eラーニングとして位置付けられている学習活動を中心に，主たる学習活動を分析していくと，次のような表にまとめられる（図表３－４参照）。

図表3－4　学習者の視点からの学習活動の類型化

	対話型学習	非対話型学習
単独学習	個人教授，問題集， ソフトウエア教材によるCBT， WBT等の学習	書籍，ビデオ，外国語CD， DVD，教育番組による学習
集団学習	ゼミナール，テレビ会議， 電子掲示板討論， ビジネスゲーム等による学習	授業，遠隔授業による学習

もとより，この他にも学習者の視点からの学習活動の類型化のあり方は様々に提示され得るであろうことは想像に難くないものの，本稿では，この類型を念頭に置くこととし，以下において，学習者が効率的に学習できる環境の整備という，eラーニングシステム構築の目的を実現する上で，情報処理・通信技術を活用し，いかなる学習支援が行われているか，また，行い得るかについて，具体的に検討していく。

2　eラーニングシステムによる単独学習支援

一般に，学習活動の目的は一定の知識・技能を習得するところにあり，教育活動の支援を受けるか否かを問わず，学習者の主体性に委ねられているため，単独学習が学習活動の１つの軸となる。従って，eラーニングシステムの構築においては，単独学習をいかに支援するかが１つの重要な要素として認識されることとなる。そこで，単独学習を支援するために，具体的にどのような情報処理・通信技術の活用が図られているか見ていくこととする。

2-1　学習教材の作成

単独学習の出発点となるのは，学習の基礎となる情報の入手である。従って，学習の基礎とすべき情報の提供が，学習支援を職務とする教育者に学習者が期待する役割の１つとなる。そのため，かねてより，教育者の職責の１つとして，書籍等の学習教材を通じて，学習の基礎とすべき情報の提供がなされてきた。現在では，情報処理・通信技術を活用し，以下のような学習教材の作成が行われている。

(1) 教材のマルチメディア化・デジタル化

学習教材として伝統的に作成されてきたのは，書籍をはじめとする紙媒体の教材である。しかし，紙媒体の性質上，そこでの表現は文字や図面等から構成されるに止まり，音や物の動き等の情報を記録することができないという限界がある。それ故に，紙媒体に記録できない情報を知ることが重要な要素となる学習活動で必要とされる学習教材を提供することが困難となる等の問題が存在した。

これに対して，音響技術や映像技術の発達により，音や物の動きをカセットテープ，ビデオテープ等の媒体に記録することが可能となった。そこで，これらの技術を活用することにより，上記問題の解決を図ると共に，文字や図面，音声，映像等を併せて取り扱うという，いわゆる「マルチメディア化」を図ることにより，学習効果の向上が期待できる学習教材（マルチメディア教材）が作成されてきている。

また，近年に飛躍的発達を遂げたコンピュータをはじめとする情報処理技術を活用し，マルチメディア教材のデジタル化が図られている。これにより，記録媒体が書籍やビデオテープ等からCDやDVD等に変更されることとなり，媒体の大きさを縮小させ，学習者に管理しやすいものとしつつ，収録される情報量の拡大が図られている。それと共に，必要な情報を適宜参照することや，閲覧に必要となる道具をコンピュータに統一することを可能とする等，学習活動での利便性が大きく向上している。教育者にとっても，文字や音，映像等の異なる性質の情報を複合して取り扱うことが容易になり，マルチメディア教材の作成上の困難が大幅に減少するという利益をもたらしている。

こうした点に着目すると，デジタル化されたマルチメディア教材の作成が，単独学習支援へ向けたeラーニングシステムの構築における１つの要素であると見ることができる。

もっとも，従来の学習教材も，学習活動の目的によっては，マルチメディア教材より，学習効果の向上を図る上で有効となる場合があることに鑑みると，学習教材が対象とする学習活動の内容と照らし合わせつつ，それらの学習教材との使い分けが求められているといえる。

また，現在のところ，マルチメディア教材の利用においては，媒体とは別個に，閲覧のための道具を用意する必要性を意識する必要がある。紙媒体の場合は，それが存在すれば，閲覧に際して他の道具は基本的に必要としないため，マルチメディア教材は，紙媒体の学習教材と比較して，閲覧の容易さという点で一歩譲るといわざるを得ない。従って，この点を克服することが学習教材の作成に関する１つの課題となる。

また，香りや味といった，デジタル化できていない情報の取り扱いについても，今後の課題といえる。

(2) 対話性を伴う教材作成

伝統的な学習教材である教科書をはじめとして，学習教材は，学習者に対して学習の基礎となる情報を提供することを基本的な性質とするものといえる。しかし，学習の目的は一定の知識・技能を習得するところにあるため，学習者の立場からは，情報の提供を受けるだけでは不十分であり，学習活動の中で折に触れて，目的の達成に向けて適切な道筋をたどっているかの確認を欲するのが一般的である。

こうした確認のため，単独学習では，従来，問題集等の学習教材が利用されてきた。しかし，これらの学習教材も，学習者自身が確認を行わなければならず，確認の誤りといった問題が不可避的に発生するため，上記のような学習者の要請に十分に応えるものには必ずしもなっていない。

これに対して，現在では，学習教材のデジタル化と相俟って，汎用的な情報処理機器としてのコンピュータの能力を活用し，上記確認作業をコンピュータに委ねる学習教材が作成されている。

また，コンピュータの汎用的情報処理能力が，近年，飛躍的な発達を見せていることを受けて，その情報処理能力を単に上記のような確認作業に用いるのではなく，より積極的に活用し，従来，単独学習では困難であった，理科実験や経営のシミュレーションといった学習活動を実現し，いわば「体験」を提示する等の，提供する情報の幅を広げた教材も作成されている。

これらの教材の特徴は，学習者とコンピュータとの情報交換を基礎とする点にあり，学習者から見ると一定の対話性を有しているところにあるといえる。それ故に，学習者の対話の相手方として何を意識するかにより分類されており，一般に，相手方としてコンピュータの存在を意識する場合は，CBT（Computer-Based Training）と呼び，インターネットをはじめとするコンピュータネットワーク上のサーバーの存在を意識する場合は，Webサーバーの利用が一般的であるためか，WBT（Web-Based Training）と呼ばれる。

対話型学習教材の問題点として，従来，学習者が自由に設定することができた学習時間の管理が，対話型学習教材の性質から，当該教材による制約を受ける可能性があることを指摘できる。この問題に対しては，教材作成の時点で，学習者が学習活動に利用可能な時間に対する配慮を必要とすることに留意すべきである。また，現在のところ，書籍等の伝統的学習教材を利用する場合と異なり，対話型学習教材を利用する場合，教材とは別にコンピュータを用意する必要があることから，その利用環境を整備するために，少なくない費用を求められることも，問題点の１つとしてあげられる。

2-2　学習教材の配布

学習教材が伝統的な紙媒体で作成されている場合，当該学習教材を入手することは，その媒体を入手することを意味することから，郵便等の物流網を経由する必要が生じてくる。このことは，学習教材がマルチメディア化することにより，記録媒体がビデオテープ等へ，さらにはデジタル化されることにより，記録媒体がCDやDVDへと移り変わっても当てはまる。そのため，これらの学習教材の配布は，運送可能な物量，運送に要する時間，費用といった物流に内在する様々な制約の下にあり，学習活動の効率性もこれに大きな影響を受けるであろうことは想像に難くない。

これに対して，情報通信技術の発達と普及に伴い，情報通信網が整備されたことにより，媒体運送に要する時間に由来する学習活動の制約を克服する可能性が生じてくることとなる。それ故に，情報処理・通信技術を活用することによる効率的な学習環境の提供という視点からは，これらの通信網の活用も当然に検討の対象となる。

従来広く利用されているものとして，放送による配信があげられる。ラジオ放送やテレビ放送の教育番組がこれにあたる。もっとも，放送の性質上，配信できる学習教材の量は限られ，学習者の求める学習教材を，求めに応じてその都度配信することは事実上不可能である。

また，電話回線をはじめとする一般に利用可能な従来の通信網は，通信可能な情報量が必ずしも十分ではなく，その一方で，通信に要する費用も少なくなかったことから，これを活用した学習教材の配布が注目され，学習活動で日常的に利用されるほどに広く普及したとは言い難い。

しかし，コンピュータを中核とする情報処理・通信技術の飛躍的な発展と，それに裏付けられたインターネットの発達と普及により，通信可能な情報量が大幅に増大しつつ，通信費用が大幅に低下することとなった。その結果，学習教材のデジタル化と相俟って，インターネットの活用に焦点が当てられることとなる。

インターネットの活用方法は様々であるが，それらは大きく2つに分類することができる。

第一は，インターネットを通信網として活用することである。具体的な例として，学習教材を，電子メールやWebサーバーからのダウンロード等の方法によりインターネットを介して配布することがあげられる。これは，従来の物流網の利用をインターネットの利用に置き換えたものと理解することができる。これにより，媒体運送に要する時間に由来する学習活動の制約を克服することができる。また，通信費用が低下した今日では，学習教材を入手するのに要する費用の低下にも寄与している。

第二は，インターネットを通信網としてだけではなく，いわば「情報媒体」として活用することである。具体的には，学習教材をインターネット上に設置されたサーバーと協働するWebアプリケーション等の形態で学習者に提供することとなる。前述したWBTの典型的な提供方法であり，ここにWBTとCBTとの相違点を見出すこともできる。第一類型との違いは，学習教材を使用する際に，インターネット上に設置したサーバーに接続していることを必要とする点にある。また，教育者の視点からは，学習教材の利用状況や学習の進捗状況の把握，学習教材の継続的な維持・管理等を可能とする点で，第一類型にはない利点を有することになる。そのため，それらにかかわる学習者の負担を軽減する学習管理システムを実現する可能性を内在している。

インターネットを活用した学習教材の配布が有する利点は，従来の媒体運送に要する時間に由来する学習活動の制約を克服し，単独学習を実施する機会を増大させるところにある。さらに，現在，インターネットへの接続性を高めることにより，あらゆる情報を，時間や場所を選ばず，必要に応じて，その都度入手することが可能な，いわゆる「ユビキタス社会」の実現が目指されていることから，今後は，いかなる時間，いかなる場所においても，あらゆる内容の学習活動に従事できるようになると期待することができる。

他方，問題点として指摘され得るのは，学習教材を利用する前提として，インターネットに接続する環境があらかじめ整備されている必要があることである。特に，第二類型は，その性質上，単にインターネットに接続できるというだけでは不十分であり，学習教材の利用のたびに接続できること，及び，一定以上の通信品質が確保されていることが不可欠となる。

3 eラーニングシステムによる集合学習支援

一定の知識・技能を習得するという目的を達成するための伝統的な学習活動のあり方として，単独学習と共に，集合学習をあげることができる。集合学習は，今なお継続的に実施されてきていることからも明らかなように，単独学習にはない利益を学習者にもたらすものとして，学習活動のもう１つの軸を形成している。従って，eラーニングシステムの構築に際して，この支援を視野に入れることが求められる。そこで，以下では，集合学習を支援するために，どのような情報処理・通信技術の活用が図られているか，また，活用できる可能性があるのか具体的に見ていく。

3-1 遠隔授業

伝統的な集合教育の１つは授業によるものであり，一定数の学習者を１つの教室（教育機関）に一堂に会させ，教育者から学習者に対して，学習に必要となる情報を，一度に伝達するという方法である。集合教育を採用する主な利点は，教育者が教育活動に従事できる限られた時間の中で，同一の情報伝達の繰り返しを回避し，効率的に情報を伝達することを可能ならしめることにより，学習者と教育者の双方に利益をもたらすところにあるといえる。そして，ここに，古来より現在に至るまで，授業が学習・教育活動の中心に位置付けられる理由を求めることができるものと解される。

伝統的集合学習において学習者に生じる問題の１つは，健康上の理由や地理的な制約等から教室へ到達できない場合に，集合教育への参加が事実上困難となることである。この問題の克服に向けて，情報処理・通信技術の活用による効率的な学習環境の提供というｅラーニングシステムの構築の基本的視点からは，教室で伝達される情報を，情報処理・通信技術を用いて教室外に送信し，いわゆる「遠隔授業」を実現することが目指される。

従来，一部ではこれを放送により実現していたものの，前述のような放送の性質上，求められているすべての授業でこれを利用することは事実上不可能であった。しかし，インターネットの発達と普及により，あらゆる授業について遠隔授業を実現することが現在では可能となっている（自らの実践例を詳細に報告するものとして，例えば，廣瀬，2006，p.45以下参照）。さらに，双方向通信を基調とするというインターネットの特性を活用して，伝統的な対面による授業と同様の雰囲気を醸成することも可能となるではないかとの期待を生じさせる，いわゆる「仮想空間」を用いた授業の実施も行われている。

もっとも，伝統的な対面による授業と比較すると，遠隔授業では，情報通信機器を介することから，いくつかの問題の発生が指摘される。

例えば，一般に，授業において重要な要素となる情報は授業担当者の発言やその前提として示された資料等であるところ，単に授業担当者による授業を撮影し，送信するだけでは，授業担当者の発言が聞き取れない，提示する資料を視認できないといった問題を生じる。特に，対面の授業と同時並行的に実施される遠隔授業の場合，顕著になると考えられる。

もとより，これらについては，カメラやマイクといったインターフェースの設置位置を工夫することや，専用のインターフェースを用意することにより一定の対応が可能であり，それらの機器の性能向上により今後の改善を期待することもできる。

しかし，授業担当者の所作や他の学習者の様子等，付随的ではあるものの，場合によっては学習者の理解に重要な役割を果たす情報を，どのように適切に選択し，送信するかは，それらが個々の学習者により必要とする情報の種類等が異なる場合があると予想されるため，これをいかに克服するかが１つの課題となる。

また，１つの教室に一堂に会する伝統的な集合教育では，授業担当者と学習者の授業当事者全員が得られるであろう共通認識を，授業担当者が把握しやすいため，その共通認識を手がかりとして，その場に合った授業内容とすることが可能である。しかし，遠隔授業においては，授業当事者全員が１つの授業空間を共有しているわけではないことから，こうした対応を採ることが困難となるのではないかとの懸念を生じさせる。

さらに，授業担当者から学習者へ向けた情報伝達を基軸とする授業においては，学習活動の成果の向上を図るため，授業担当者は，常に，いわゆる「雰囲気」等，学習者から明確に表示されない情報を汲み取り，それを踏まえつつ，当意即妙に授業を展開することが求められている。しかし，遠隔授業においては，学習者から明確に表示されないこれらの情報を入手する手段が限定されることが予想される。

仮にこれらの問題を解決できないのであれば，授業担当者による授業を録画した学習教材を利用した単独学習に陥ることとなり，集合学習とする意義が損なわれる恐れがあることから，その解決が早急に求められている。

3-2 意見交換

集合学習が有する利益の１つは，教育者から学習者への情報伝達の効率化を図るところだけにあるわけではなく，教育者と学習者とが一堂に会することにより，教育者と学習者，及び，学習者と学習者との間の接点を確保し，対話の機会を提供するところにある。これにより，異なる社会的背景を持ちながら，共通した問題関心を有する者が，学習中に生じた疑問点を相互に提示しつつ，意見交換することで，単独学習では決して得られない学習効果の発生が期待できるからである。伝統的に，いわゆる「ゼミナール」といった学習活動が，授業と並び，集合学習の軸とされてきている理由は，こうした点に求められるものと思われる。

ゼミナールをはじめとする学習者間の意見交換は一堂に会して行われてきたところ，集合学習という点に着目すると，遠隔授業と同様に，その過程で発せられる情報を，放送やインターネットを介して他の者に伝達することにより，いわゆる「テレビ会議」を実現し，隔地者間での意見交換を可能とすることが考えられる。特に，従来，放送を活用するという選択肢のみであった時には，テレビ会議を実現するためには，放送に内在する様々な制限の克服や，学習者各々の間の通信を確保するための技術的な工夫を必要とし，すべての意見交換においてテレビ会議を利用することには少なくない困難があったものの，双方向通信を基調とするインターネットが広く社会一般に普及したことにより，放送と比較して，はるかに容易にテレビ会議を実現しやすい環境が整ったことから，あらゆる意見交換に対応することが可能となったといえる。

このようなテレビ会議による意見交換は，対面の意見交換と隔地者間の意見交換とを並行して行う際等に有効といえる。もっとも，従来，意見交換が集合学習とされてきた理由と授業が集合学習とされてきた理由とは必ずしも同一でないこと等に着目すると，対面の意見交換を併せて行わない場合には，テレビ会議によらずに，これと異なる方法で隔地者間の意見交換を実現できるのではないかと考えられる。

まず，授業の主な目的は，学習に必要な情報を教育者から学習者に伝達することであり，ここから，授業が集合教育とされる理由は，教育者が教育活動に従事できる限られた時間の中で，その情報伝達を効率的に行うために，複数の学習者が情報を同時に受信する機会を設けるところに求められる。これに対し，意見交換の主な目的は，学習者が相互に情報交換を図ることであり，集合教育とする理由は，意見交換で取り交わす機会と，取り交わされる情報を共有するための場を設けるところに求められ，情報交換自体は必ずしも同時に行われる必要はない。

また，授業においては，その目的から，あらゆる手段を用いて，学習に必要な情報を教育者から学習者に伝達することが求められるのに対して，意見交換の場では，学習者が自己の疑問・意見を相手方に伝える上で，どのような言葉を選ぶことが適切かといった表現方法の検討も活動目的の一環となることから，授業の場合と異なり，意見交換の内容にもよるものの，伝達できる情報の種類は限定的であっても差し支えない。

このような意見交換と授業との相違点を考慮に入れると，意見交換は，授業の場合と異なり，テレビ会議等の同期通信による必然はないことに気が付く。むしろ，意見交換に費やす時間を各学習者が自由に設定できる環境を整備するという観点からは，同期通信ではなく，非同期通信を利用した意見交換を実現することが適切といえる。そして，こうした視点からは，ファクシミリや電子メール（メーリングリスト）等の一対一の非同期通信を工夫した意見交換や，いわゆる「電子掲示板（BBS：Bulletin Board System）」等を利用して意見交換の場そのものを設ける方法が想起される。

従来の集団学習による意見交換にない，これらの非同期通信を利用した意見交換の特徴として，議論の経過が記録として蓄積されていくことがあげられ，それは，意見交換の途中であってもそれまでの議論の経過をたどることができるという利益をもたらしている。議論の経過を一覧できる機能を備えている電子掲示板はその典型例といえる。

また，従来の集団学習による場合は，集合場所の物理的制約から参加者数におのずと限界が生じ，そうした限界を克服するために，相応の費用の負担が求められるといった問題が発生した。これに対して，現代社会で広く普及しているインターネットを介して行う，メーリングリストや電子掲示板等の非同期通信を利用した場合，何人でも参加することが可能な意見交換の場を，従来と比較して少ない費用で設けることができるという利点がある。さらに，電子掲示板は，その性質上，参加の申込の手続等を必要とすることなく自由な参加を可能とする意見交換の場としても利用できる。

3-3　資料提示

情報処理・通信技術を利用した効率的な学習環境の提供という視点からは，従来の集団学習においてもそれらを活用することが可能である。その1つが，資料の提示である。

授業をはじめとする従来の集団学習においては，何かしらの情報を明示的に提示する場合，自身の発言によることを基調とし，それを補うものとして黒板等が利用されてきた。しかし，これらを用いた表現は文字や図面等から構成されるに止まり，音や物の動きといった情報を表現できないという制約がある。

こうした制約は，前述した紙媒体の学習教材と同じものである。そのため，従来の集団学習においても，音響技術や映像技術，さらには，コンピュータをはじめとする情報処理技術を活用し，提示する資料のマルチメディア化を図ることにより，学習効果の向上が期待できる。

また，コンピュータが有する汎用的情報処理能力を活用し，理科実験や経営のシミュレーションといった学習活動を集団学習の中で実現することにより，いわば「体験」を学習者に提示することも可能となっている。本書で解説されている，ビジネスゲームを用いた体験型シミュレーション学習（本書第4章「ビジネスゲームによる体験型教育」，及び，第7章「オンライン型SCMゲームの開発と実践」参照）はその象徴的な例といえる。

4 eラーニングシステムによる進捗管理支援

学習活動の目的は一定の知識・技能を習得することであるから，目的達成に至る過程の中で，常に自身の学習状況を把握し，次の階梯へと進むための行動選択を迫られることとなる。それ故に，効率的な学習環境を提供するために，eラーニングシステムを構築するという立場からは，学習活動し，自体と共に，上記のような行動選択を行う際に必要となる判断材料を提供する等の進捗管理を支援することも重要な事柄として認識される。

もとより，どのように学習活動を継続していくかは，学習者の主体的判断に委ねられるものであり，いたずらに教育者が介入すべきではない。しかし，学習者が行動選択を行う際に必要となる判断材料を提供することは，学習活動の効率化に資するものと成り得ても，学習者の主体性を損なうものではない。また，少なくとも，教育による支援を受ける学習活動においては，学習者は，自身の学習状況を客観的視点に基づいて判断し，学習方法等について必要な助言を行う者としての役割を教育者に求めており，学習活動の進捗管理は重要な教育活動の1つとなっている。

そのため，情報処理・通信技術を活用して進捗管理を支援することがeラーニングシステムの構築における重要な要素と位置付けられることとなる。一般に，これは，教育機関において，そこに所属する学習者の学習活動を支援するために，コンピュータネットワークシステムを利用して学習活動の進捗管理を行うことを前提とする，学習管理システム（LMS：Learning Management System）に関する議論として展開されている（社団法人私立大学情報教育協会，2005，p.1参照）。

学習管理システムの主な機能とされるものは3つあり，第一に，学習管理システム利用者の管理，第二に，学習コース（教材）の管理，第三に，利用者の行動履歴の管理とされる（香山，2004，p.179参照）。

第一の学習管理システム利用者の管理は，当該システムの下で学習する学習者，学習支援に携わる教育者，さらに，システム管理者までも含めたシステム利用者の管理を指す。学習者について見ると，氏名・住所をはじめとする個人情報，学習の目的，場合によっては，その背景知識等，その学習支援に必要となる情報が管理の対象となる。

第二の学習コースの管理は，学習管理システムによる管理下に置かれる学習コース，及び，当該学習コースで用いられる学習教材の管理を指す。学習者は，この機能を通じて，自己の学習目的に合わせた学習コースの設定と，当該コースで必要となる学習教材の提供を受けることとなる。具体的には，各学習者の学習目的の相違に由来する多様な要請に迅速に応えるには，学習コースを柔軟に追加・変更できることが求められるため，学習コースの管理に特化したコース管理システム（CMS：Course Management System）を，また，学習教材については，学習教材の作成，保守，配信といった学習教材に固有の事柄を処理する必要があるために，学習教材の管理運用に特化した学習コンテンツ管理システム（LCMS：Learning Contents Management System）を設置し，学習管理システムの下で両者を協働させ，学習者に対する適切な学習コースの提案を実現する。

第三の利用者の行動履歴の管理は，利用者による学習管理システム利用状況を把握することを指す。学習者との関係においては，学習コースに基づいた学習活動の進捗状況に関する情報が提示される。もっとも，この機能の用途は多岐にわたり，この機能により，教育者は，自身が担当する学習コースの教育効果や，学習教材の利用状況，学習者の満足度等の事柄を把握できる。また，システム管理者は，システムの障害が発生した場合等に，この機能に基づく履歴から，障害の原因を特定することが可能となる。

5 おわりに

情報処理・通信技術の発展と普及により，現代社会は情報化社会としての色彩を帯び，情報の積極的な活用が図られるようになっている。さらに，それらの技術が，近年，飛躍的な発達を遂げたことに伴い，活用可能な情報の質・量が増大すると共に，活用のあり方も大きく変化している。eラーニングは，こうした情報処理・通信技術の発達と，それに伴う情報の活用をめぐる環境の変化を背景として提唱された学習活動であるといえる。

もっとも，eラーニングを，現在の発達した情報処理・通信技術を利用することで実現される，従来の学習活動と異なる新しい学習活動を指すものと理解しようとすることには疑問を覚える。学習活動は，一定の知識・技能の習得を目的として営まれる，それらにかかわる情報の収集・分析・理解・発信をはじめとする情報処理・通信活動であるといえる。従って，そのあらゆる場面において，情報処理・通信技術を活用することができる以上，上記の理解に基づく議論は，eラーニングの可能性を狭めるだけとなるからである。

むしろ，学習活動の性質に照らせば，現在の情報処理・通信技術を活用することにより，eラーニングと称して，どのような学習活動を展開することが期待されるのか，さらに，そうした要請に応えるために，それらの学習活動を実現し，支援する，eラーニングシステムをどのように構築することが適切かを検討することが重要となると考えられる。

そこで，本稿では，こうした視点から，学習活動を単独学習と集合学習とに分類し，それぞれにおいて，情報処理・通信技術を活用することにより，いかなる学習支援が可能となるか具体的に検討し，さらに，それらを実現する環境として整備が求められるコンピュータネットワークシステムにつき，学習活動の進捗管理という側面から分析した。

もっとも，eラーニングシステムを適切に構築する上では，本稿で指摘した問題の他にも，それに密接する様々な解決されるべき課題がある。

例えば，eラーニングにおいてはインターネットの利用を前提とすることが少なくないところ，eラーニングシステムの構築においては，その利用環境をどのように整備するかが問題となる。現代社会において情報処理・通信機器が広く普及したとはいえ，いくつかの要因から，それらを利用できる者とそうでない者とが存在しており，両者の間に生じるいわゆる「デジタルデバイド」の克服は喫緊の解決が求められる課題である。そして，環境の整備等に要する費用を誰に負担させるべきかといった，慎重に扱われるべき問題もそこには含まれてくることが予想される。

また，eラーニングにおいて扱われる情報が，習得の対象とされる，もしくは，それにかかわる情報であることから，社会一般に価値あるものとして認識されるものとなるであろうことに鑑みると，eラーニングにおける情報の利用が紛争の原因となるとの懸念を生じさせる。

加えて，eラーニングシステムの提供においては，eラーニングを利用する学習者の個人情報，学習履歴に代表される学習者の人格と深く結びついている情報が，学習者以外の他者による管理に委ねられることとなるため，その管理いかんでは，学習者がいたずらに不利益を被る恐れのあることが指摘され得る。

現在，eラーニングの円滑な遂行に対する社会的要請の高まりが確実視されることを考慮すると，こうした問題を解決する，さらには，それらの発生を予防するために，一定の規範に従った行動が求められる。とりわけ，これらの紛争が法的問題に発展する可能性も少なくないことも視野に入れると，規範については，その内容の理解のみならず，いかなる内容の規範とすることが適切かといった法制度の設計等にかかわる政策的議論も求められている。

こうした点を考慮に入れると，eラーニングをめぐっては，広い視野からの分析が必要とされており，それが今後の課題になるといえる。

［参考文献］

青山学院大学総合研究所AML IIプロジェクト著，玉木欽也・小酒井正和・松田岳士編（2003）『e ラーニング実践法―サイバーアライアンスの世界―』オーム社。

香山瑞恵（2004）「e-Learningのシステム」岡本敏雄・小松秀圀・香山瑞恵編著『eラーニングの理論と実際―システム技術から，教え・学び，ビジネスとの統合まで―』丸善，p.177。

経済企画庁国民生活局（1982）『情報社会と国民生活―技術的側面を中心として―』。

佐藤修（2001）『ネットラーニング―事例に学ぶ21世紀の教育―』中央経済社。

社団法人私立大学情報教育協会（2005）「教育改革を目指したｅラーニングのすすめ」。

菅原良（2005）『eラーニングの発展と企業内教育』大学教育出版。

特定非営利活動法人日本イーラーニングコンソシアム編（2008）『ｅラーニング白書2008・2009年版』東京電機大学出版局。

萩原達郎（2008）「岐路に立つeラーニング―人材教育への戦略的なIT活用とは―」『ITソリューションフロンティア』2月号，p.6。

廣瀬孝文（2006）「テレビ会議を利用した国際遠隔授業の試み―カナダの大学との連携授業の実践と自己評価―」『岐阜聖徳学園大学紀要』45集，p.43。

Advanced Distributed Learning "SCORM Resources."
http://www.adlnet.gov/Technologies/scorm/SCORMSDocuments/SCORM%20Resources/Resources.aspx.

Allen, I. E. & Seaman, J. (2009) "Learning on Demand Online Education in the United States, 2009."
http://www.sloanconsortium.org/publications/survey/pdf/learningondemand.pdf

Brown, J. S. & Adler, R. P. (2008) "Minds on Fire," *EDUCAUSE Review*, 43 (1), pp. 16-32.

European Commission (2000) "Communication from the Commission: E-Learning― Designing tomorrow's education," Brussels: European Commission.
http://ec.europa.eu/education/ archive/elearning/comen.pdf

Graziadei, W.D. (1993) "Virtual Instructional Classroom Environment in Science (VICES)," in Research, Education, Service & Teaching (REST) CNI.org.
http://www.cni.org/projects/netteach/1993/prop01.html

Karrer, T. (2007) "Understanding E-Learning 2.0," Learning Circuit, The American Society for Training & Development.
http://www.astd.org/LC/2007/0707_karrer.htm

Light, R. J. (2001) *Making the Most of the College: Students Speak Their Minds*, Harvard University Press.

Means, B., Toyama, Y., Murphy, R., Bakia, M. & Jones, K. (2009) "Evaluation of Evidence- Based Practices in Online Learning: A Meta-Analysis and Review of Online Learning Studies."
http://www2.ed.gov/rschstat/eval/tech/evidence-based-practices/finalreport.pdf

Twig, C. A. (2003) "Improving Learning and Reducing Costs," *EDUCAUSE Review*, 38 (5), pp.

28-38.

Tyler-Smith, K. (2006) "Early Attrition among First Time eLearners: A Review of Factors that Contribute to Drop-out, Withdrawal and Non-completion Rates of Adult Learners Undertaking eLearning Programmes," *Journal of Online Learning and Teaching*, 2 (2). http://jolt.merlot.org/Vol2_No2_TylerSmith.htm

Zemsky, R. & Massy, W. F. (2004) "Thwarted Innovation: What Happened to e-Learning and Why," The Learning Alliance, The University of Pennsylvania.

第4章 ビジネスゲームによる体験型教育

本章では，ビジネスゲームについて，大学で行われている教育面への利用の現状・効果・システムについて述べ，さらに今後の発展性として，研究面や企業の問題解決への適用について考察する。

1 経営学教育とビジネスゲーム

社団法人私立大学情報教育協会（2001）（2006）（以下，私情協と呼ぶ）によれば，経営学教育の課題として，学生の参加意識を高めることが必要としており，そのためには疑似体験による臨場感ある教育手法が効果的とし，ビジネスゲームをその一例としてあげている。ビジネスゲームを用いた体験型シミュレーション教育は，学生のモチベーションを高め，主体的参加機会を増大する効果が大きい。企業経営のように複雑な要因が絡み合った事象を学習するためには，個別の理論や手法の講義だけでは十分ではないため，実際の企業事例をもとにしたケースの討議を通じて様々な視点から深い理解を得ることが一般的である。しかしそれだけでは，得られた知識を体得するには十分ではない。ビジネスゲームはこれを補完するために，擬似的な経営体験を通して確かめながら知識を身につけていく手法である。

私情協によれば，経営学は実践に近い領域の学問であり，現実の経営現場に近い観点から教授することが望まれている。アカデミックな知識の探求だけでなく，就業経験を持たない学生に実務に即した経営管理能力や問題解決能力を与え，経営組織を合理的に運営できる経営者や管理者になりうる人材として育成することが，大学教育における経営学教育の目標である。実践性の強い経営学では，現実の企業経営に興味を持たせることによって学習意欲を高める工夫が求められている。学問性を重視するあまり，授業内容が理論的な座学に偏りすぎるという，教員と学生の認識のアンマッチが発生している。経営に対する問題発見や問題解決に関する深い洞察力を養成するためには，理論を学ぶことは不可欠であるが，企業人として働いた経験がない状態で知識のみを詰め込んでも消化不良となる。一般的に，研究において狭く深い専門領域を追及している教員は，経営の全体像を持っていないことが多い。経営活動を総合的に俯瞰する視点が必要であるにもかかわらず，教員にその能力，意識が希薄である場合が少なくない。すべての学生を研究者にすることを目的としたかのような授業内容は改めなければならない。

経営のダイナミズムを効果的に学習するためには体験型の学習が不可欠である。これは柔道でいう乱取りにあたる。型の練習により柔道の基本や理論を覚えると同時に，乱取りにより実践的な力を身につけることができる。同様に体験的な授業により，経営にかかわる種々の領域を横断的に学習することができる。さらに，経営学の多くの領域が包含された総合的授業を，情報技術（IT：Information Technology）を駆使して実現することができれば，経営学の基本的かつ重要な専門知識が自然に備わり，知恵に転化できるようになる。その結果として，経営の理論と応用が習得され，実践的な能力が高まるといえる。

知識には，個人的で他人に伝えるのが難しい暗黙知と，言語等によって他人に伝えることのできる明示的な形式知がある。野中（1996）は，暗黙知から形式知への知識変換を４つのモードで表している。すなわち，①１人の暗黙知が他人の暗黙知となる「共同化」，②暗黙知を明示化する「表出化」，③明示化された形式知を組み合わせて１つの知識体系を創り出す「連結化」，④形式知を個人の暗黙知に置き換える「内面化」である。

これを経営学分野に当てはめると，

① 共同化は，企業の中の経営者の知恵やノウハウという暗黙知が，周りの社員に自然と伝わっていく状態。

② 表出化は，企業内の暗黙知が，経営目標やスローガンなどに明示化される状態。

③　連結化は，成功している企業に共通する形式知が学問的に体系化される状態（この形式知が授業を通じて教員から学生に伝えられる）。
④　内面化は，頭で理解した形式知を，実務で自然と使えるまでの暗黙知として身につける状態。

というモードが考えられる。このような4つのモードを通して，経営学の理論が，身についた能力に変化する。このうちの④内面化には，ビジネスゲームにより成功法則を疑似体験できる仕組みが有効である。

ビジネスゲームは，臨場感のある疑似体験を通じて学生の参加意識を高め，従来からの講義やケースメソッドと組み合わせることで経営学教育の効果を高めることができる。新入生には，簡単なビジネスゲームを通じて経営学への興味を持たせることができる。専門科目を学ぶ2年生3年生には，ビジネスゲームの擬似経営体験を通じて，より深く学習する意欲をわかせる効果がある。また，ビジネスゲームには必ずしも1つの最適解が存在するわけではなく，競合する相手の出方によって状況が変化するので，臨機応変な対応が要求される。このため受身でなく，自分自身で考えて意思決定する姿勢を養うことができるのも大きな特長である。

ビジネスゲームは，当初はコンピュータを用いないボードゲーム型から始まった。プレイヤーの意思決定は紙に書いて審判に提出され，シェアや利益などの経営結果は手計算により算出された。その後，コンピュータの普及に伴い，審判の行う計算をコンピュータに行わせたり，プレイヤーの意思決定をコンピュータに入力したりするような形態が現れた。さらにネットワークの発達により，クライアント・サーバー型のものが現れてすべての処理がオンライン化されるようになり，ビジネスゲームの運用性は飛躍的に改善された。現在では，インターネットを活用したネットワーク型が主流となりつつある。

このビジネスゲームの一般的な進め方はラウンド単位である。各ラウンドの各チームの意思決定データが入力されると，コンピュータは各チームのシェア等の計算を行い，その結果を各チームのパソコン画面に通知し，次のラウンドに進む。ビジネスゲームの授業の実施例を示すと，次のように，1つのゲームを3コマで実施する方法がある（白井，2007）。

第1週　ブリーフィング

学生3人程度が1チームとなるようにグループ分けする。ゲームのシナリオを説明し，チーム別に作戦会議を行う。パソコンの操作に慣れるためにトライアルラウンドを１回実施する。ゲーム実施に必要となるような知識（例えば損益計算書の意味）について解説しておく。

第２週　ゲーミング

実際のゲームを実施する。１ラウンドあたりの検討時間は10分から15分とすれば，１回の授業で６ラウンドから８ラウンド程度を実施することができる。(より複雑なゲームで，検討時間を長く必要とする場合は，このゲーミングの時間を２週分とることも考えられる。)

第３週　デブリーフィング

はじめにゲーム全体の概況を教員が説明する。続いて株主総会として，各チームの経営結果を学生に発表させ，教員や他の学生は株主として質問する。最後に，このゲームに必要な経営手法や分析方法の講義を教員が行う。

ビジネスゲームの実施方法については，次のようなバリエーションも可能である。

(1) 同一ゲームを２度繰り返す方法

前述した３コマで１ゲームを実施した後に，もう一度ゲームの実施と結果発表を繰り返す方法である。

第１週　ブリーフィング
第２週　ゲーミング（１回目）
第３週　デブリーフィング（１回目）
第４週　ゲーミング（２回目）
第５週　デブリーフィング（２回目）

第３週のデブリーフィングで，他チームの発表や解説を聞いて，理解を深めたプレイヤーはもう一度ゲーミングを希望することが少なくない。同じグループ構成で再度ゲーミングを行うと，より高いレベルでの競争が行われる。ゲーミング結果の分析や発表も，より深い内容となり，プレイヤーの学習効果が高くなる。

(2) eラーニングによる方法

通常のビジネスゲームでは，同時刻にコンピュータ教室などの同地点に集合して対面式で実施することが多いが，コンピュータ教室に空きがない場合や，収容定員の制約が発生する場合もある。その点，eラーニングであれば，時間と場所を選ばずにビジネスゲームを実施することができる。各チームのメンバーは，eメールなどで連絡を取り合えば，一箇所に集まることなく作戦会議を行うことができる。この方法はデータ分析や作戦会議の時間を長く取ることができる長所がある反面，他チームの顔が見えないので臨場感にかけるという意見もある。

(3)　1週間に1ラウンド実施する方法

この方法は(2)のeラーニングによる方法の変形ともいえるものである。週に一度の授業時間は教室に集合して，講義やチーム内の作戦会議を行い，ビジネスゲームのデータ入力を翌週までに完了させ，そのラウンドの結果を翌週の授業で配布する。この方法では1学期間に10数ラウンドのゲーム実施が可能である。この方法は，コンピュータ教室の時間や人数の制約がないこと，データ分析や作戦会議の時間を長く取ることができること，などの長所がある。1学期間に1つのビジネスゲームしか実施できないが，ある程度複雑なビジネスゲームには向いていると考えられる。

(4)　通常の授業の中で講義と組み合わせて行う方法

この方法は，従来からの講義中心の授業の中で，講義内容を補足するような演習の役割としてビジネスゲームを利用する方法であり，教育効果を高めるのに有効と考えられる。例えば，数コマの授業で，マーケティングの講義と事例紹介を行った後に，その業界や企業をモデルにしたビジネスゲームを実施することで，学生にマーケティングの理論を疑似体験する機会を与えることができる。また，統計解析の授業では，ビジネスゲームの中で統計手法を実践して企業経営を改善する効果を実感させることも可能である。ただし，このような使い方を実現するためには，講義内容に合わせたビジネスゲームを開発する必要がある。この方法については後述する。

私情協では，ビジネスゲームの教材やシステムを個別の大学で準備していくのは容易ではないため，大学の枠を超えて共有し，さらに改善していく仕組みを構築することが必要であるとしている。今後は，ビジネスゲームを利用する大学間のネットワークを構築し，教材やノウハウの交換をはかるために，共通のプラットフォームの開発・提供と，コンソーシアム等の組織化が必要となろう。

2 eラーニングの適用

ビジネスゲームはコンピュータ教室などで同一の時間に集合形式で実施することが多いが，eラーニングとして異なる場所から異なる時間に実施する形態も可能である。

人間のプレイヤーが競争的または協調的状況で進行させ相互作用を特徴とするビジネスゲームの教育効果を高めるためには，チーム内のメンバー同士のコミュニケーションによる協働が重要であり，これによって他者の意見を聞き，自分の考えに取り入れるという思考パターンが育成される（中川，2006）。このためにはゲームがメンバー同士の会話や知恵の交流を成り立たせる仕組みを持ったものであることが必要となる。そのためプレイヤーは同じ時刻に同じ場所に集合することが自然であり，その結果，教室の空間的制約，コンピュータなどの設備の制約から，実施人数は50人程度が限界であった。

この制約を打破するものがITを活用したeラーニングの適用である（白井，菱山，2007）。従来，場所と時間が同じ必要があったビジネスゲームもネットワーク機能の発達により異なる場所での実施が可能になった。さらに異なる時間での実施を可能にすることにより，いつでもどこでも体験学習が可能になる。一般的なeラーニングの実施形態を考えると，現在，研究・開発・実施されているものは独習用のシングルユーザ型である。すなわち学習者が自宅などで任意の時間に学習を行えることを目指している。この機能はビジネスゲームでも予習復習用として有効である。しかし，それだけでは他者との競争的・協調的な体験学習をねらいとするビジネスゲームには不十分である。複数のプレイヤーが参加するビジネスゲームでは，教員と学習者間，学習者と学習者間のコミュニケーション機能や，ゲーミングの自動進行管理機能，学習者各自の独習機能などを実現する「マルチユーザ型のeラーニングシステム」が必要であり，これによって，ビジネスゲームの効果を大きく拡張することができる。図表4－1にeラーニングによるビジネスゲームの実施形態を示す。

「遠隔教育型」は，同時刻に異なる場所で実施する形態であり，教員と受講生が離れた場所にいてもビジネスゲームが実施可能となる。これにより，従来

図表4－1　eラーニングによるビジネスゲームの実施形態

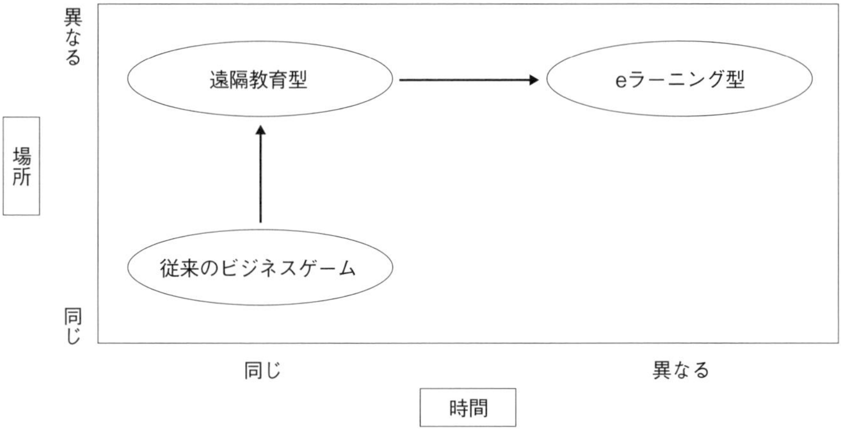

は教員が受講者のいる教室のある地域に出向かなければならなかった点が改善され，遠隔地に対してもビジネスゲームの提供が容易になる効果がある。支援システムとして，電子掲示板，リアルタイムチャット，eメール，テレビ会議システムなどの利用が可能である。実際に，２つの大学間で遠隔教育型ビジネスゲームを実施したところ，問題なく運用することができた。

次に，ここでは「eラーニング型」を，教員や受講者が異なる場所にいる状態で，さらにゲームを実施する時間の制約をゆるめた実施形態と定義する。ゲームは一定時間（例えば１日）に１ラウンドずつ進行するので，受講者は締め切り時間までに意思決定してデータ入力を行う。これにより，多人数，広範囲でのビジネスゲーム実施が可能になる。支援システムとしては基本的には前述した「遠隔教育型」と同様に，電子掲示板，リアルタイムチャット，eメールなどの利用が可能である。これについても４つの大学間で２か月に３つのビジネスゲームを実施し，問題なく運用することができた。

これらの試行により，ビジネスゲームを用いたマルチユーザ型eラーニングの実現可能性を確認することができた。今後の課題としては，eラーニングと対面教育の効果比較や，その融合であるブレンディッドラーニングとしてのビジネスゲーム教育体系の整備が必要である。

3 ビジネスゲームの教育効果

ビジネスゲームによる教育の効果として，経営学の分野別の専門知識を体験的に理解することができる点があげられる。例えば，マーケティングの授業で４Ｐ（Product，Price，Promotion，Place）を教える場合は，これに合わせてレストランゲームを開発することが考えられる。学生は，レストランの経営者となって，料理の品質と価格，広告費用，立地について意思決定を行う。ゲームのモデルの中には仮想の客を設定し，魅力の高いレストランに多く来店するような仕組みをつくりこんでおく。学生は，他の学生が経営するレストランと比較しながら，自己の意思決定の良否を評価して，次の意思決定をする。このようにしてマーケティングの４Ｐを疑似体験して理解を深めることができる。

このような専門知識を深く理解できる効果以外にも，問題解決型人材に必要となる次のような実践的能力を身につけることが期待できる。

① 経営計画を立案し，事前分析を行ってから経営の意思決定をし，その結果を分析して次の意思決定にフィードバックするPDCA（Plan-Do-Check-Act）サイクルの実施能力。

ビジネスゲームは，１ラウンド毎に各チームが意思決定を行い，その結果のフィードバックを受けて，次のラウンドの意思決定を行っていく。このため各ラウンドがPDCAの繰り返しとなる。PDCAの実行能力は，個々の専門知識とは違って，様々な経営の状況に適応可能な汎用的な能力であり，企業人として必須の能力であるが通常の授業では訓練できない。

② EXCEL等を用いたデータ分析や損益分岐点分析などの，コンピュータツールの実践的活用能力。

コンピュータツールの実践的な活用能力は，身近なものとしてはEXCELによるデータ分析がある。座学や練習問題によって学ぶことはできるが，ビジネスゲームの中で，自社の経営状況や他社との競合状況を分析することで，具体的な意思決定を支援する経営情報システム（MIS：Management Information System）として活用する能力を身につけることができる。

③ グループディスカッション能力。

グループディスカッションの訓練を行うことのできる授業は，必ずしも多くはない。ビジネスゲームでは，複数の学生がチームを組んでゲームを行うことで，作戦会議の過程でチーム内でのディスカッションは必須となる。テーマも自社の経営課題の具体的なものになるため効果が高い。

④　プレゼンテーション能力。

プレゼンテーションも一般の授業で行う機会は少ない。ビジネスゲームで，自社の経営状況を，株主に見立てた他の学生や教員にわかりやすく説明することは学生には得がたい体験となる。

体験型教育の効果を測定するために，FD（Faculty Development）の一環である授業評価アンケートを利用した結果では，学生はビジネスゲームによる授業に高い評価を与えている。また，授業終了時点のレポートでは以下のような感想が述べられており，同様の授業をまた受講したいとしている。

- 大学で学ぶ授業科目の必要性が理解できた。
- 企業経営のイメージがつかめ，経営にはバランスが必要だと感じた。
- コンピュータツールを利用して，計画を立てて経営ができるようになった。
- ディスカッションやプレゼンテーションなどのコミュニケーション能力が高まった。

授業評価アンケートは学生の意見を反映しており参考になることは多いが，より客観的にビジネスゲームの教育効果を測定することも必要である。そこで，そのための試行として，１学期間のビジネスゲームの授業の始めと終わりに簡単なテストを行い，その差異の評価を行った。

特定の知識に対する，学習効果によるスキルアップ段階として，

①　第１段階　その言葉を知らない
②　第２段階　言葉としては知っているが説明できない
③　第３段階　一般的な説明ができる
④　第４段階　簡単なレベルなら使うことができる
⑤　第５段階　高度なレベルで使いこなすことができる

が考えられる。

そこで，学期の始めに行うプレテストと，学期の終わりに行うポストテストを実施した（横浜国立大学，2009）。両テストの問題構成はほとんど同じであ

るが，ポストテストのほうが，より詳細な説明を要求されるため難易度は高くなっている。テストの設問の概要と出題意図を以下に示す。

［設問1］ PDCAサイクルとは何の略か。また，その内容を説明せよ。
（PDCAサイクルの意味を問うものであり，上記の第1段階から第3段階に相当。）

［設問2］次の損益計算書の（　）に入るものはaからeの何か。

a．当期利益　b. 純利益　c. 経常利益　d. 営業利益　e. 売上総利益

ある店の商品が，100円で110個売れた。商品の原価は1個60円とする。また，広告費を2000円使った。このときの損益計算書を計算し，①から⑤を記入せよ。
（損益計算書の構造を問うものであり，第1段階から第4段階に相当。）

［設問3］経営分野での「MIS」を日本語でいうと何か。また，その内容を説明せよ。
（経営情報システムMISの意味を問うものであり，第1段階から第3段階に相当。）

［設問4］マーケティングの4Pとは何の略か。また，その内容を説明せよ
（マーケティングの4Pの意味を問うものであり，第1段階から第3段階に相当。）

［設問5］Excelの次のグラフは何という種類のグラフか。また，その機能をビジネスゲームの例をあげて説明せよ。
（Excelのグラフの機能を問うものであり，第1段階から第3段階に相当。）

このプレ・ポストテストを，ビジネスゲーム履修者である経営学部3年生30名に対して実施した。17点満点のプレとポストの得点の分布状況を図表4－2に示す。これによると，

① プレテストよりポストテストの点数が高いもの　26名
② プレテストよりポストテストの点数が低いもの　2名
③ プレテストとポストテストの点数が同じもの　2名

となっており，ポストテストの点数が上昇しているのがわかる。②で点数が逆に下がっている原因は，損益計算書の計算の単純ミスであった。

次に，プレ・ポストの点数を度数分布にしたものを図表４－３に示す。明らかに，ポストテストの点数分布がグラフの右側（点数が高い）に偏っているように見ることができる。そこで２つの分布の平均値の差をt検定で判定したところ，１％水準で有意であり，プレテスト時に比べてポストテスト時の学生のスキルが大きく上昇していることが確認できた。ただし，今回の試行結果は一面的であり，ビジネスゲームの教育効果を測定する評価方法については，今後さらに検討していく必要がある。

図表4－2　得点の分布状況

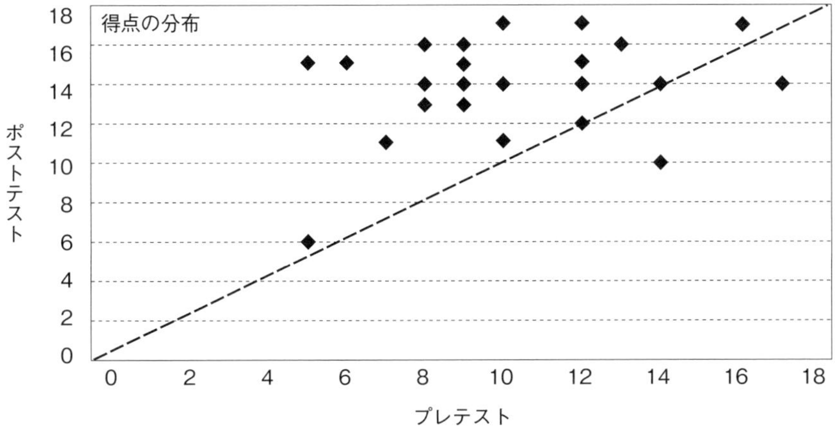

図表4－3　得点の度数分布

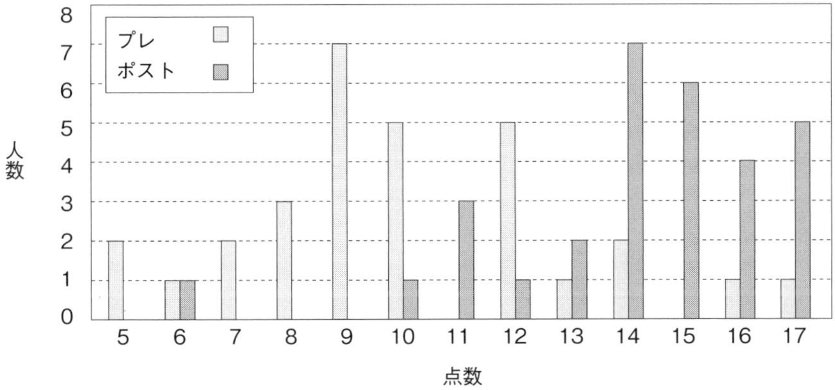

4 ビジネスゲームのプラットフォーム

これまで述べたようにビジネスゲームには体験型教育としての効果が高いのであるが，その普及にはいくつかの阻害要因があった。

① 入門的な教材が少ない。

ビジネスゲームを授業に導入するためには，教員にとって入門に適した教材が必要であるが，ほとんどないといってよい。

② 運用ノウハウがわからない。

仮に適当なビジネスゲームを入手できたとしても，ゲームそのものが提供されるだけでは十分ではない。時間配分やチーム構成，解説内容などの運用ノウハウをまとめたマニュアルが必要である。

③ ゲームを改造できない。

他者が開発したビジネスゲームは，その構造が固定的である。教員が教えたい授業内容に合わせて改造できることが理想である。コンピュータを利用するビジネスゲームでは，改造するためにはプログラミングが必要となるが，これは多くの経営系の教員にとっては不可能に近い。

このような阻害要因をなくして，教員自身がビジネスゲームを開発できる仕組みを実現するため，ビジネスゲームの開発と運用を支援するシステムとして，YBG（Yokohama Business Game）を構築した（白井他，2000）（白井，2005a）。このシステムを利用して，全国の経営系大学の教員が，各自の授業に合わせたビジネスゲームを開発・運用している。YBGの最大の特長は，教員がビジネスゲームを開発できるように専用の簡易言語を実装したことである。

大学院の授業では，学生が自分の興味のある企業や業界のビジネスプロセスを次の３ステップでモデル化する手順をとっている。ただし，このうちYBGが対応しているのはステップ３であり，ステップ１とステップ２へのYBGの適用については今後の課題である。

(1) ステップ１：概念モデル

ビジネスプロセスの自然言語によるあいまいな表現や非構造的な表現を，ダイアグラムを利用して表記することで，ビジネスプロセス内の要素を明確にする。学生はEXCELやパワーポイントを用いてダイアグラムを描く。ダイアグラムの表記法については十分確立しておらず，様々な手法を評価しながら検討している（白井，2005b）。

(2) ステップ2：論理モデル

学生は，ステップ1の概念モデルから，ビジネスを構成する具体的な要素とその要素間の関係を，数式や論理式として定義する。

(3) ステップ3：実装モデル

ステップ2の論理モデルからコンピュータ上に実装するために，専用言語を用いてソースコードを作成すると，YBGシステムがコンピュータ言語に翻訳する。

この手順で作成した，製造業の概念モデル（以下miniPと呼ぶ）の例を図表4－4に示す。部品市場から部品を調達し，製品を製造して，製品市場で販売を行うモデルである。

図表4－4　miniPの概念モデル

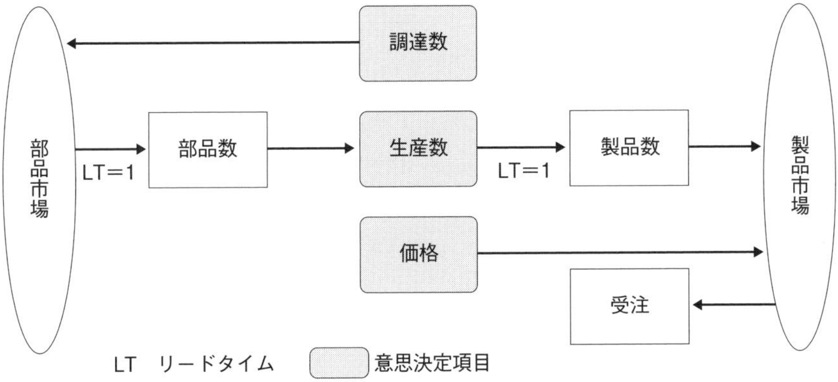

YBGで使用できる命令語は50語足らずであるが，これだけでも様々なビジネスゲームの開発が可能である。以下にminiPゲームのソースコード（第4章付録参照）を例にとって，YBGの代表的な命令語を解説する。

```
# ゲームの規模
def max-team 3
def max-round 10
```

これはビジネスゲームのチーム数とラウンド数を定義する命令である。ここでは3チームで9ラウンドまで実行することのできるゲームが定義されている。

（YBGはラウンド進行型のゲームであり，ラウンドが進むたびに前のラウンドの実行結果を参照することができる。このため，max-roundを10とすると，ラウンド10になったときに，ラウンド9の結果が参照できるので，実際に実行できるラウンド数は9となる。）

シリーズ定数

scon 商品需要 300 300 300 300 300 300 300 300 300 300 300

sconは各ラウンドに1つの定数を設定する命令である。この例では，商品需要が各ラウンドで300と設定される。miniPゲームでは，この商品需要を3チームが取り合う構造となっている。

（経済状況の変化などに応じて，商品需要を変化させたい場合は，sconではなくsvarという変数として定義すれば，各ラウンドの商品需要を計算でつくり出すこともできる。）

広域定数

gcon 所要量 50

gconは全チームと全ラウンドを通して値が固定された定数を設定する命令である。ここでは1個の製品を製造するのに必要な部品の所要量を50個と設定している。（研究開発によって部品の所要量を削減したいような場合は，後述のtvarという変数で定義することもできる。）

入力変数と入力ページ

ipage price 意思決定の入力

〈P〉 販売価格を入力してください。〈/P〉

〈P〉 生産指示（個数）を入力してください。〈/P〉

〈P〉 部品調達（個数）を入力してください。〈/P〉

ivar 販売価格 range 0 100000 20000

ivar 生産指示 range 0 1000 100

ivar 部品調達 range 0 100000 5000

ipageは，ビジネスゲームでプレイヤーがキーボードから入力する意思決定のための画面を作成する命令である。

〈P〉と〈/P〉の間に書かれた文字は，入力画面上に説明文として表示される。

ivarは，入力変数を定義する命令である。rangeは数値を入力する変数を指定するもので，最小値，最大値，初期値を規定する。

（range以外に，プルダウンメニューから項目を選択するための，select指定も可能である。）

これらの命令によって生成された入力画面は図表４－５のようになる。

図表4－5　入力画面

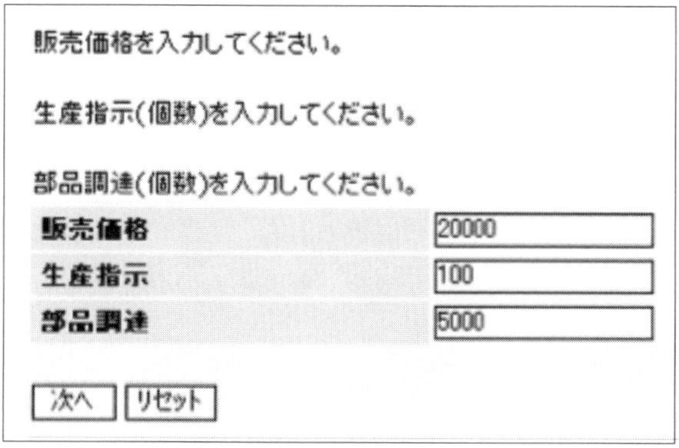

販売価格を入力してください。
生産指示(個数)を入力してください。
部品調達(個数)を入力してください。
販売価格
20000
生産指示
100
部品調達
5000
次へ
リセット

チーム毎モデル変数と初期値

tvar 部品発注数 5000

tvar 部品納入数

（途中省略）

tvar 売上高

tvar 売上原価

tvar 売上総利益

tvarはチーム毎に異なる値を持つ変数を定義する命令である，変数名の後には初期値を設定することができる。

計算モデル

tlet 部品発注数＝部品調達

tletは計算式を定義する命令である。注意すべきは，計算式の右辺の計算結果が左辺に代入されるという点である。単に左辺＝右辺という意味ではない。計算は上の行から順に実行されるので，ある変数の値を計算式の中で使用したい場合は，それ以前の行でその変数の計算を実行しておく必要がある。

tlet 部品納入数＝部品発注数@1

tlet 部品在庫数＝部品在庫数@1 + 部品納入数

@1は，1ラウンド前を指定するための記述方法である。ビジネスモデルにおけるリードタイム（時間遅れ）を表現するものである。nラウンド前は@nと書く。

tlet 生産可能数＝int(部品在庫数 / 所要量)

tlet 生産待ち数＝min2(生産可能数, 生産指示)

計算式の加減乗除は，＋ － ＊ / で指定する。intは小数点以下を切り捨てるための関数であり，min2は２つの変数の値の小さな方を選択するための関数である。

pinv 受注数＝商品需要 by 販売価格

pinvは，ある値を各チームに分配するための関数である。ここでは商品需要を各チームの販売価格に逆比例して分配したものを，各チームの受注数としている。

（他に正比例して分配するためのpropなどの関数もあるが，必要に応じてtletの計算式を定義して分配数を決定することも可能である。）

tlet 受注数＝rint（受注数）

rintは小数点以下を四捨五入するための関数である。

出力指定

以下は計算結果を表として画面に表示するための命令である。

ooption fmt %1.0lf

ooptionは，表示する数値の小数点以下の桁数を指定するための命令である。

opage sales 販売状況 public

〈H1〉販売状況〈/H1〉

〈P〉第${ラウンド}期: 需要: ${商品需要}〈/P〉

begintable

out teams

out teams-vars 販売価格 出荷数 売上高

endtable

opageは画面の形式を指定するための命令である。opageの後には,画面の名前を英文字と日本語で指定する。次に，publicを指定すると，その画面は全チームが見られる画面になる。(teamspecを指定すると，その画面は自チームの値だけが見られる画面になる。また，controlを指定するとゲーム開発者だけが見られる画面となる。)

〈H1〉と〈/H1〉の間に書かれた文字は，表のタイトルとして表示される。

〈P〉と〈/P〉の間に書かれた文字は表の説明文として表示される。${ }を指定すると文字ではなく，変数の値が表示される。

begintableは表の始まりを，endtableは表の終わりを示す。out teamsを指定すると全チームのチーム番号が表示される。out teams-varsの後に変数名を指定すると，その変数名と値が表示される。これらのソースコードにより作成された出力画面を図表4－6に示す。

図表4－6　出力画面

販売状況

第01期: 需要: 300

Team:	01	02	03
販売価格	20000	20000	20000
出荷数	100	100	100
売上高	2000000	2000000	2000000

[戻る]

このようにして学生自身が興味のある企業や業界のビジネスゲームが完成したら，他の学生をプレイヤーとしてゲームを実行する。そうすると他の学生から，ゲームのシナリオやモデルの構造について多くの質問や意見が出される。これによって開発者が気づいていなかったモデルの欠陥が発見されるので，これをもとにモデルを修正していく。このプロセスを何回か繰り返すと，モデルの完成度が高くなるので，そのモデルによるビジネスゲームを用いて他の学生に企業経営を実行してもらう。その経営結果を分析すると，良い成果を上げる者や，逆に倒産する者が現れるので，その経営戦略を分析することで，対象とした企業や業界で有効なベストプラクティスを検討することができる。文献を読んだり，頭の中だけで考えたりするだけに比べて，より良い発見ができる可能性が高い。このように，ビジネスゲームにプレイヤーとして参加するだけでなく，自らビジネスゲームを開発することによって，対象となる企業や業界に対するより深い理解を得ることができる。

5 ビジネスのモデリングとシミュレーション

ビジネスゲームはシミュレーション手法の1つであり，モデルを通して実験を行うことで，問題を理解し，問題の本質を見ることが目的である。この場合，本物を使わないでモデルを使うという点に特徴がある。ここでいうモデルとは，数理モデルや論理モデルと呼ばれるもので，対象を数式や論理式などで表現したものを指す。また，手続きモデルとして，対象の挙動を支配する運用規則，判断基準，制御ロジックなどの，数式で表現しにくいものをルールやフローチャートなどで記述したものも含まれる。これらのモデルは最終的にコンピュータプログラムとして表現され，実行される（薦田，1995)。

本物を使わないでモデルを使う理由には主に次のようなことがあげられる（白井，2001)。

① 時間をコントロールできる。
地球の環境問題，企業の経営問題など，現実に行うには時間がかかりすぎるような現象を短時間で実行できる。

② 危険がある。
飛行機の操縦訓練や企業経営など，本物では生命や財産に危険がある場合にも，モデルを使った実験であれば失敗が許される。

③ 費用が高い。
高層ビルの建設や，自動車の新モデルの開発など，本物をつくると費用がかかりすぎる場合でも，モデルをつくれば条件を変えて何度でも実験できるためコストをさげることができる。

ビジネスゲームの場合もこれらに当てはまる。例えば，製造業，卸売業，小売業が連結したサプライチェーンの効率化を計画する場合，本物の企業で実際に行うと，失敗した場合に大きな損失をこうむる危険がある。かといって，本物の企業と同じものを実験用につくり上げるのは，コスト的に実現不可能であろう。また，経済変化などの外部環境の影響を見るには何年もの時間が必要となってしまい，現実的でない。そこで，業界や各企業を数式や論理式でモデル化することができれば，これらの制約を取り除くことが可能となり，短時間に繰り返し実験でき，また，失敗しても実害はなく，本物よりもコストも低く済むメリットがある。このようなシミュレーションは，コンピュータを用いることで可能となる部分が多い。これはコンピュータ・シミュレーションと呼ばれ，モンテカルロ・シミュレーションやシステム・ダイナミックス等の有効な手法が多く存在する。これらのコンピュータ・シミュレーション手法は，プログラムを作成することで相当範囲の問題をシミュレートすることができる。しかしながら企業経営の問題を対象とする場合，人間の意思決定ルールが明示化されないとプログラムを作成することができない。そのような場合に，プログラムにできない意思決定部分を人間に入力させることで，シミュレーションの実行を可能とするのが，ゲーミング・シミュレーション手法である。ゲーミング・シミュレーション手法は，企業経営の問題を扱う場合はビジネスゲームという形となるが，それ以外にも政策決定や合意形成など幅広い分野で利用されている。

モデル化にあたって重要なのは，シミュレーションの目的を明確にすることである。その目的に合わせて，特徴的なパターンを抽出してモデル化する。具体的には，対象となるビジネスの中の，どの変数が最も重要かという優先度から，主要な変数をいくつか抽出し，さらにその変数間の関係を定義することである。このとき抽出する変数は多ければよいというわけではない。ビジネスゲームは本物のビジネスに近くなければならないと考えて，抽出する変数が多くなりすぎると，意思決定の入力変数（価格，広告費，生産数など）と経営結果の目的変数（売上高，営業利益，シェアなど）との因果関係が複雑になり，どの意思決定がどの結果に効いているかが不明確となり，教育上の効果はかえって減少すると考えられる。大量のデータを時間に追われながら分析し，ついには時間切れで意思決定を余儀なくされることを繰り返し，良い経営成果は出せずに，不振の原因もつかめないまま疲れだけが残って終了するような愚は避けなければならない。仕事が大変とか難しいとかは，ビジネスゲームをしなくても実務で十分体験できる。ビジネスゲームでは，むしろわかりやすい仕組みで成功体験を積ませることが重要である。教育目的に応じて，できるだけシンプルなモデルとする方が教育効果は高いといえる。学生の能力の向上に合わせてビジネスゲームの難易度を高めることは有効であり，このためにはシンプルなモデルを組み合わせていく方法が推奨できる。

ビジネスゲームの開発には，次のような原則が必要と考えている。

① ビジネスゲームにはディフォルメが必要である。

そのゲームで教えたいこと，実験したいことについて，本質的な部分を強調してモデル化する。すべての要素を盛り込もうとしてはならない。優先順位をつけることも企業人として重要な能力である。

② ビジネスゲームには理論が必要である。

モデルの中の要素間の因果関係には，そのゲームを通じて教えたいと考える理論を盛り込まなくてはならない。理論が不明確な場合でも，一般的に許容できる関係性を定義する必要がある。乱数を使いすぎて偶然性の強すぎるモデルにならないような注意も必要である。

③ ビジネスゲームには倫理がなければならない。

ビジネスゲームは金儲けの方法を教え込むものだという誤解を避けるためにも，モデルの中にビジネスの規範とペナルティを盛り込むことが必要である。企業のCSR（Corporate Social Responsibility）を教え込むという姿勢が重要である。

6 今後の展望　教育から研究，問題解決へ

ビジネスゲームの教育への利用効果については徐々に確立してきているが，今後はさらに，研究や実際の問題解決のツールとしての適用が進められると予想できる。

岩井（2007）（2009）は，ビジネスゲームが教育訓練といった学習機会の提供のみならず，問題解決のための効果的な手法としても有用であるという仮説を実験によって実証しようと試みている。具体的には，企業内で新製品開発を

行う際に，異なる部門間の集団意思決定を行いながら他社と競争するというシナリオのビジネスゲームを開発し，それを実施することで異部門間の相互理解が促進され，その結果，集団意思決定の効率が高まるという仮説検証を複数の実験により実証している。この実験を通じて，少なくとも数時間程度のビジネスゲームを用意することによって，企業の異部門のメンバーが効率的なコミュニケーションを実施できる場を提供できることを示した。さらに発展させることで，従来は実験が困難であった企業内部の経営システムのシミュレーションをビジネスゲームを用いて行い，その妥当性の評価ができるという可能性も期待できる。

井門（1996）は，「主体」と「場」の２つの要素が，それぞれ「現実」か「仮想」によって，ロールプレイングを四類型に分類して論じている。ここではゲーミングは，主体も場も仮想の第四類型とされ，学習者は仮想的な場において，ある仮想的な自己を装い，その場を制御するルールに基づいて活動する。この類型は，教授者や設計者の知識や技量の限りにおいて，現実社会の制約から離れ，教授目標に応じた役割や場，状況を設定できるところにその特色がある。実体験することが不可能であったり困難であったりする事柄を疑似的に体験させることができる。これはビジネスゲームが現実のビジネスをシミュレートするだけでなく，まだ実現していないビジネスをも対象とし得ることを示唆している。これについて新井（1998）は，ゲーミング・シミュレーションを，「主体も場も仮想」という状況設定により，肉体のみならず心理的かつ社会的に安全な環境で学習するための装置としている。教育ゲームや訓練ゲームという意図で設計され，実施されるゲーミングは，設計者，ファシリテーターの教育上の意図があらかじめ存在し，ルールによってゲーミングに制約を与えようとする。ビジネスゲームをあえて，ビジネスシミュレーションというのも，場は仮想であっても，現実のビジネスの場と同型の環境で，すぐに役に立つ技能を習得するということが含意されているからである。数多くのビジネスゲームは，ビジネスの特定の側面としてシステム認識されている部分を再現し，これについて学ぼうとするものである。これが行きすぎると，知識，技能，態度について，それぞれ「正しい知識」「役に立つ技能」「望ましい態度」があらかじめ存在し，「無知なプレイヤー」をゲーミングによって教化するということが根底に流れている権威的教育観となり，「正しい知識」とわかる知識，すなわち反復学習で得られる「学習効果の測定しやすい知識」が重視され，ゲーミングが得意とするようなあいまい性のある状況での教育・訓練が軽視される傾向にあることを指摘している。設計者あるいは研究者の立場から見れば，実験の再現性という，もともと予想される結果の追認より，設計者の予想を超えたゲーミングによる創発効果，あるいは結果の多様性とその解釈の営みを評価すべきであると主張している。

さらにDuke（2001）は，ゲーミングが，ある組織を援助するための卓越した手法であるとしている。ゲーミングは政策を策定したり，組織にとって重要な策定を行ったりする場合に，未来を形に表そうとするものであり，こうした目的のための手法はほとんどないといっている。この点でのゲーミング・シミュレーションの目的は，抽象化された仮想世界の中で行動することを経験させて，認識の枠組みの再構築を経て，現実世界の問題をより深く理解させるところにあるといえる。ゲーミング・シミュレーションは，複数の参加者が一定のルールのもとで敵対，競争，協調しながら課題を追求する思考空間をつくりだす仕掛けを提供する。そこには複数の行動選択を描いたシナリオがある。複数の人間が役割を分担することによって，様々な意思決定者が表現されることになる。そこで「もしこうだったら」を演じてみると，複数の未来を探検することができる。こうした思考空間での問題認識の共有は，プレイヤーたちの現実の問題認識にも影響を及ぼす。

このような点からのゲーミング・シミュレーションの適用対象として，例えば近年深刻さを増し続けている環境問題が考えられる。地球温暖化に代表される環境問題では，持続可能な発展をいかに実践していくかが課題である。１人勝ちが許されない状況では，一定のルールの下で，協調しつつ競合するといった価値観と行動力を身につけることが重要といえる。場合によっては新たなルールの想像も必要となる。このような多様な価値観を持つ利害関係者が存在する問題では，関与者間の合意形成が重要であるが，効果的なコミュニケーション手段が不足していると考えられる。そのために，ゲーミング・シミュレーションという，失敗が許される環境の中で，複数の人間による協調的な意思決定をしながら，その結果をフィードバックして次の意思決定をしていくというプロセスを通して，未来世界での経験を積んでいき，これをもとに現実世界での合意を形成するという手法が期待される。

このような仕組みを実現するためには，ビジネスゲームのモデル構造にも変革が必要となる。これまでのビジネスゲームの一般的（伝統的）なモデル構造としては，プレイヤーの役割が同一の構造のものがほとんどである。例えば，製造業の業界をモデルとしたビジネスゲームであれば，プレイヤーは全員がメーカであり，規模や意思決定項目も同一である。小売業の業界であれば，プレイヤーは全員が小売業である。ビジネスゲームの目的が，より良い経営や経営効率の向上を体験的に習得させることとすれば，比較のしやすい，役割が同一の構造は基本であろう。しかし，近年話題となっているサプライチェーンマネジメント（SCM：Supply Chain Management）においては，プレイヤーの役割が異なる別のモデル構造が必要となる。すなわち，ある商品を顧客まで供給するサプライチェーンにおいては，上流に原材料業者があり，中流にメーカ，下流に卸売業，さらに下流に小売業があって，末端に顧客が存在する構造となる。このようなモデル構造のビジネスゲームでは，各プレイヤーは他のプレイヤーと競争や協調をしながらゲームを進めていくことになる。既存のYBGの専用言語は，役割が同一のプレイヤーが競争するビジネスゲームの開発を容易にすることを目的としてつくられてきたが，SCMのような題材をビジネスゲーム化する必要性が増加すると考えられたため，言語の拡張とモデル構造生成機能の開発を行い，役割が異なるプレイヤーが混在するモデルにも対応可能とした。

ビジネスゲームは，これまでの教育訓練の手法から，今後は，企業経営における諸問題の解決や，新たなビジネスモデルの開発などの，「実験経営学的なアプローチ手法」としての発展が期待される。

[参考文献]

新井潔（1998）「ゲーミングシミュレーションとは何か」新井潔他『ゲーミングシミュレーション』日科技連出版社。

井門正美（1996）「ロールプレイングの四類型による社会的役割体験の学習構想」『シミュレーション＆ゲーミング』第6巻第1号。

岩井千明（2007）「ビジネスゲームによる企業内集団意思決定の実証実験」『シミュレーション＆ゲーミング』第17巻第2号。

岩井千明（2009）「ビジネスゲームを用いた集団意思決定研究」『シミュレーション&ゲーミング』第19巻第1号。
鷹田憲久他（1995）『システムのモデリングとシミュレーション』コロナ社。
白井宏明他（2000）「WWW環境を利用したビジネスゲーム開発ツール」『教育システム情報学会誌』第17巻第3号。（注）YBGは1997年に筑波大学社会人大学院において久野，鈴木，藤森，寺野，白井等によってプロトタイプが開発され，その後2001年から横浜国立大学において白井，田名部等によって改良が続けられている。
白井宏明（2001）『ビジネスモデル創造手法』日科技連。
白井宏明（2005a）「ビジネスゲームのプラットフォーム」『経営システム』第15巻第4号。
白井宏明（2005b）「ビジネスゲームのモデル表記法」『横浜経営研究』第26巻第2号。
白井宏明（2008）「ビジネスゲームを主体とした授業構成に関する考察」『横浜経営研究』第29巻第3号。
白井宏明・菱山玲子（2007）「ビジネスゲームによるマルチユーザ型eラーニングの実践」『横浜経営研究』第28巻第1号。
（社）私立大学情報教育協会（2001）『授業改善のためのITの活用』。
（社）私立大学情報教育協会（2006）『ファカルティ・ディベロップメントとIT活用』。
中川香代（2006）「高等教育におけるゲームの活用と効果」『シミュレーション&ゲーミング』第16巻第1号。
野中郁次郎他（1996）『知識創造企業』東洋経済新報社。
横浜国立大学経営学部（2009）「体験型経営学教育のための教員養成計画」『特色GP成果報告会報告書』。
Duke, R. D.（1975）*Gaming: The Future's Language,* John Wiley & Sons Inc.（市川新他訳『ゲーミングシミュレーション：未来との対話』アスキー，2001年）

付録　miniPモデルのソースコード

```
# mini － P
# ゲームの規模
def max-team 3
def max-round 10
# シリーズ定数
scon 商品需要 300 300 300 300 300 300 300 300 300 300 300
# 広域定数
gcon 部品価格 90
gcon 所要量 50
gcon 製造単価 5000
# 入力変数と入力ページ
ipage price 意思決定の入力
〈P〉 販売価格を入力してください．〈/P〉
```

```
〈P〉生産指示（個数）を入力してください．〈/P〉
〈P〉部品調達（個数）を入力してください．〈/P〉
ivar 販売価格 range 0 100000 20000
ivar 生産指示 range 0 1000 100
ivar 部品調達 range 0 100000 5000
# チーム変数と初期値
tvar 部品発注数 5000
tvar 部品納入数
tvar 生産可能数
tvar 生産指示数
tvar 生産待ち数 100
tvar 部品消費量
tvar 部品在庫数 5000
tvar 生産数
tvar 販売可能数
tvar 受注数
tvar 出荷数
tvar 製品在庫数 100
tvar 売上高
tvar 売上原価
tvar 売上総利益
tvar 一般管理費 350000
tvar 広告費 50000
tvar 営業利益
tvar 累積営業利益
# 計算モデル
tlet 部品発注数＝部品調達
tlet 部品納入数＝部品発注数 @1
tlet 部品在庫数＝部品在庫数 @1 + 部品納入数
tlet 生産可能数＝int(部品在庫数 / 所要量)
tlet 生産待ち数＝min2(生産可能数, 生産指示)
tlet 部品消費量＝生産待ち数＊所要量
tlet 部品在庫数＝部品在庫数－部品消費量
tlet 生産数＝生産待ち数@1
tlet 販売可能数＝製品在庫数@1 + 生産数
pinv 受注数＝商品需要 by 販売価格
tlet 受注数＝rint(受注数)
tlet 出荷数=min2(受注数, 販売可能数)
tlet 製品在庫数＝販売可能数－出荷数
```

```
# 損益計算
tlet 売上高＝出荷数＊販売価格
tlet 売上原価＝出荷数＊（製造単価 + 所要量＊ 部品価格）
tlet 売上総利益＝売上高－売上原価
tlet 一般管理費＝一般管理費 @1
tlet 広告費＝広告費 @1
tlet 営業利益＝売上総利益－一般管理費－広告費
tlet 累積営業利益＝累積営業利益 @1 + 営業利益
# 出力指定
ooption fmt %1.0lf
opage sales 販売状況 public
  〈H1〉販売状況〈/H1〉
  〈P〉第 ${ラウンド} 期：需要：${商品需要}〈/P〉
begintable
out teams
out teams-vars 販売価格 出荷数 売上高
endtable
#
opage accounting 会計情報 teamspec
  〈H1〉損益計算書〈/H1〉
  〈P〉第 ${ラウンド} 日，チーム：${チーム}〈/P〉
begintable
out rounds
out rounds-vars 売上高 売上原価 売上総利益 一般管理費 広告費 営業利益 累積営業利益
endtable
#
opage allvteam 全変数チーム横断 control
  〈H1〉第 ${ラウンド} ラウンド：全変数チーム横断〈/H1〉
begintable
out teams
out teams-allvars
endtable
#
opage allvround 全変数ラウンド横断 control
  〈H1〉チーム ${チーム}: 全変数ラウンド横断〈/H1〉
begintable
out rounds
out rounds-allvars
endtable
```

第5章 社会科学系の数学教育における知識ベースの利用

はじめに

筆者は，現代のビジネスパーソンが見つけるべきスキルとして，演繹推論力による知識ベースの活用，をあげたい。筆者は経営学科において10年にわたり数学を講義してきた。ほとんどの受講者は，経営学科の学生，つまり社会科学系の学生である。社会学系の学生のための数学教育をどのように行えば，無駄なく，無理なく学生に理解してもらえるかを，長年考え続けてきた。

その結果，創案した教授法が「推論エンジンシミュレーション法」である（白田，2009；Shirota，2009；白田，2010）。本稿では，読者が推論エンジンシミュレーション法を独りで学べるようにわかりやすく説明する。例題は，読者が興味をもてるように，金融工学の数学とした。

1 推論エンジンシミュレーション法

初めに一般的な推論について少し述べる。人間は賢く行動するが，人間の行っている「賢い」行動は，知っている多くの事実（知識）を組み合わせて，あるいは，加工する（推論）ことに基づいて行われている（小川，2000）。

人間が数学を解く場面を考えてみると，「数学問題を解くという行動は，すでにデータベースに蓄えられている知識（ルール）を組み合わせて，あるいは推論することに基づいて行われる」と解釈できる。ここでいうデータベースとは，知識ベースあるいはルール・データベースと呼ばれる種類のものである。ルール・データベースには，知識がルールとして記述され，蓄積されている。

数学問題を解くために，どのような種類のルール・データベースが必要か考えてみる。数学問題が対象であるので，数学ルール・データベース，つまり数学公式集は必須である。そして問題分野ごとに異なる専門分野の知識が必要である。経済数学であれば，経済ルール・データベースが必要となり，物理数学では，物理ルール・データベースが必要になる。経済数学の中でも細分化され，金融工学の数学であれば，それ専用の金融工学ルール・データベースが必要となる。このように数学公式と経済のルール・データベースを明確に分離することにより，学生の頭の中の知識の整理が容易になる。

筆者が経営数学の講義中に使う推論とは，演繹推論である。演繹推論（deductive inferenceあるいはdeductive reasoning）とは，一般的に成り立っている事柄から，個別的な情報を導き出す推論で，この結果は必然的に，すなわち，常に成立する（前田・青木，2000）。演繹的推論の代表が，3段論法である。「AならばBが成り立つ。BならばCが成り立つ。そのとき，AならばCが成り立つ。」

推論エンジンシミュレーション法（略して，推論エンジン法）とは，演繹推論による問題解決アプローチを学生に強く意識させて，演繹推論の習慣づけをさせるための数学教授法である。白田（2009）では，国民所得決定問題，需要と供給の分析，制約付き最適化問題などのテーマを，すべて推論エンジンシミュレーション法によって解説している。白田（2009）の中には，社会科学系の基礎数学で必要な，数学ルールと経済・経営ルールも網羅されているので，本稿によって推論エンジンシミュレーション法に興味をもたれた読者は，ぜひ，参照していただきたい。

ここから，推論エンジンシミュレーション法の内容に入る。

推論エンジンシミュレーション法を学生に教える場合，どのように指導するか，言葉がけとして表現すると以下のようになる。

1．頭の中に２種類のルール・データベースを構築しましょう。つまり基本的なルールは記憶しましょう。
2．文章題を見たら，「与えられたデータ（Given Data）」及び「未知数（Unknown）」をノートに書き出しましょう。

3．その中から，重要なキーワードを探しましょう。その後，そのキーワードで２種類のルール・データベースに検索をかけましょう。
4．わからない用語に関してもルール・データベースを検索しましょう。
5．必要なルールが集められたら，そのルールに対して演繹推論を行い，与えられたデータと未知数の間の関係を求めましょう。
6．その関係を表している方程式，あるいは連立方程式を解くことで，解が求まります。

このように，推論エンジンシミュレーション法では，知識ベース（ルール・データベース）と推論エンジンを強く意識しながら数学問題を解いていく。Given Dataの中にわからない用語があった場合，現代の学生であればWebを検索してWikipediaなどでその意味を調べるであろう。金融工学数学においても，債券に関係する用語が多数出てくる。「わからない用語はWebを検索して調べる」という行為は，Webも知識ベースであるとみなせば，「知識ベースを検索する」という行為に他ならない。

役に立たない情報も多いWebを検索するよりも，筆者が本稿で用意したルール・データベースを検索したほうが効率がよい。それは，金融工学数学の文章題を解くという専用の目的のためにつくられた知識ベースだからである。

もちろん，本稿で掲載したルールは，金融工学数学の分野で必要なルールのほんの一部分でしかない。新たな分野に対していかに知識ベースをつくるか，という課題は読者の責務である。自分にとって未知の分野に一歩を踏み出すときは，自分で自分のために知識ベースを構築することが必要となる。その知識ベースを自力で構築するスキルも合わせて養っていってもらいたい，と筆者は読者に期待する。

推論エンジンシミュレーション法の利点をまとめる。

- 文章題で与えられたデータと未知数を書き出すことで，それらを明確に意識することが可能となる。
- 検索している知識はどちらのルール・データベース中にあるのかを明確に意識でき，知識の整理が進む。
- 頭の中のルール・データベース中に該当する知識がまだ記憶されていない場合でも，紙媒体のルール・データベースを参照することで，不足知識を補うことができる。

- ルール・データベースを検索するだけで，内容は，とりあえずは，理解しなくてもよいので，ハードルが低く実行が容易である。
- 演繹過程をノートに書きだすことで，思考プロセスの間違いの発見が容易になる，

推論エンジンシミュレーション法の効果を評価するために，期末試験において学生にアンケートを実施した（白田，2010）。その結果，推論エンジンシミュレーション法をきちんと実践した学生の90%が「何らかの効果があった」と回答した。少しだが実践した学生も含めても，90%が「何らかの効果があった」と回答した。

これらの結果から，推論エンジンシミュレーション法は「実践すると90%程度の人に効果がある」方法であると，結論してよいと考える。アンケート評価の詳細は白田（2010）を参照していただきたい。

2 推論エンジンシミュレーション法による金融工学数学の解法

本節では，代表的な金融工学の基礎的な数学問題を扱い，推論エンジンシミュレーション法を説明する。扱う文章題は以下の通りである。

問題１：年金の問題
問題２：ローン返済の問題
問題３Ａ：債券の内部収益率の問題
問題３Ｂ：価格・利回り曲線（price-yield curve）

ルール作成については，原則，金融工学の世界的名著 *Investment Science*（Luenberger, 1998）を参考にした。金融工学に興味をもたれた読者はぜひ，合わせて読んでいただきたい。金融工学の数学文章題の作成にあたっては，椎原（2000），Zima & Brown（1996）を参考にした。

問題１：年金の問題

60歳で定年をむかえた後，30年間にわたり，定年直後から１か月ごとに５万円を受け取るためには，定年直後に銀行にいくら預けてあればよいかを求めよ。銀行の年利率は１％で，複利計算は月ごとに行うとする。

まずは，文章題で与えられたデータ（Given Data）と未知数（Unknown）をノートに書き出してみる。

Given Data

*キャッシュフロー列（$-PV$万，５万，５万，…，５万）

*期間の年数 $n = 30$

*毎年の受取回数 $m = 12$（M.A.）［月末］

*1回の受取額 $R =$ ５万

*年利率 $r = 0.01$（P.A.）

*受取回数 $mn = 360$

Unknown

*年金として定年直後に銀行に預けておくべき金額

［将来の５万の現在価値を，合計した金額］

Unknown中，最も重要なキーワード「年金」でまずは経済・経営ルール・データベースを検索する。その結果，年金の現在価値というルールが発見できた。

この問題は，これが現在価値に関する問題であることに気づくか否かがポイントとなる。そもそも「現在価値」とは何であろうか？

金融工学数学で重要な概念に「現在価値」と「将来価値」がある。

金利rのときに，現在P円のものは，金利によって，将来価値が大きくなる。

反対に，将来価値がP円の，現在価値を考えてみよう。現在価値に利息がついて，将来価値になるのであるから，現在価値のほうが小さい。

金利によって何倍に増えるかというと，複利法では，年利rの場合１年で$(1+r)$倍となる。よって１年後のP円の現在価値は，Pを$(1+r)$で割った値となる。

同様に，２年後，３年後，…，一般にn年後，を考えていく。一般に金利の倍数は$(1+r)$のn乗となる。よってPを$(1+r)$のn乗で割ってやれば現在価値が計算できる。

経済・経営ルール・データベース

■年金（Annuity）の現在価値

キャッシュフロー列の現在価値

*年末受取でn年間。$(-PV,\ A,\ A,\ \cdots,\ A)$

$$PV=\frac{A}{(1+r)^{1}}+\frac{A}{(1+r)^{2}}+\cdots+\frac{A}{(1+r)^{n-1}}+\frac{A}{(1+r)^{n}}$$

$$=A\cdot\left[\sum_{i=1}^{n}\frac{A}{(1+r)^{i}}\right]=A\cdot\left[\frac{1-\dfrac{1}{(1+r)^{n}}}{r}\right]$$

等比数列の合計の公式。

初項　$a_0=\dfrac{1}{(1+r)^{i}}$，公比　$R=\dfrac{1}{(1+r)}$

*年の始めの受取でn年間。$(-PV+A,\ A,\ A,\ \cdots,\ A)$

$$PV=A+\frac{1}{(1+r)^{1}}+\frac{1}{(1+r)^{2}}+\cdots+\frac{A}{(1+r)^{n-1}}$$

$$=\mathrm{A}\cdot\left[\sum_{i=1}^{n}\frac{A}{(1+r)^{i-1}}\right]=\mathrm{A}\cdot\left[\frac{1+r}{r}\cdot\left\{1-\frac{1}{(1+r)^{n}}\right\}\right]$$

等比数列の合計の公式。

初項$a_0=\dfrac{1}{1}$，公比　$R=\dfrac{1}{(1+r)}$

「年金の現在価値」というルールの中身を見てみよう。まず，キャッシュフロー列という言葉が出てきた。これは現時点（定年直後）をスタートとして，1期間ごとのキャッシュフローを並べて書いたものである。取得したキャッシュフローは正の値で，支払ったキャッシュフローは負の値として書く。

年金の場合は，始めにまとめてドカッとお金を預けると考えれば，負の値 $-PV$ 万となる。それ以降は，毎月の受取になるので，正の値となる。

Given Data中，M.A.というのはMonthly，つまり月ごとの支払いを意味する。P.A.はAnnually，年1回の支払いを意味する。支払い回数の略記は，経済・経営ルール・データベース「支払い回数と複利」にまとめたので，参照していただきたい。

経済・経営ルール・データベース

■元利合計

$$V = A \cdot (1 + r)^{n}$$

*支払い回数を年 m 回にする。

$$V = A \cdot \left(1 + \frac{r}{m}\right)^{m \cdot n}$$

*連続複利（m を無限大にする）。

$$V = e^{r \cdot n}$$

■支払い回数と複利

m	意味	複利式
1	Annually (P.A.)	$\left(1 + \frac{r}{1}\right)^{1 \cdot n}$
2	Semiannually (S.A)	$\left(1 + \frac{r}{2}\right)^{2 \cdot n}$
3	Quarterly (Q.A.)	$\left(1 + \frac{r}{4}\right)^{4 \cdot n}$
12	Monthly (M.A.)	$\left(1 + \frac{r}{12}\right)^{12 \cdot n}$

ルール「年金の現在価値」を見ると，受取時期が年末か，年始かによって，2種類のケースがあることが記載されている。この文章題はどちらを選択すべきであろうか？

Given Dataに戻ってみると，

*毎年の受取回数 $m = 12$（M.A.）［月末］

というデータがあるので，年末のほうのルールを参照すればよい，とわかる。

$$PV = \frac{A}{(1+r)^1} + \frac{A}{(1+r)^2} + \cdots + \frac{A}{(1+r)^{n-1}} + \frac{A}{(1+r)^n}$$

しかし，問題で聞かれていることはM.A.に関してである。ルールの式はP.A.用に書かれているので，式の変形が必要である。さて，P.A.とM.A.で支払い回数が違う場合，どのように変形するかは，ルール「支払い回数と複利」に記述されている。

$$P.A.\ (1+r)^n \rightarrow \quad M.A.\ (1+\frac{r}{12})^{12 \cdot n}$$

この変換式と，先ほどのPVの式を組み合わせると，以下の方程式となる。

数学ルール・データベース

■等式数列

初項をa_0，公比をrとすると

(1) 一般項（第n項）：$a_{n-1} = a_0 \cdot r^{n-1}$

(2) n項までの和:

$r \neq 1$のとき

$$S = \frac{a_0(1-r^n)}{1-r} = \frac{a_0(r^n-1)}{r-1}$$

$r = 1$のとき$S = na_0$

■等差数列項と等比数列項との積

初項を$a_0 = 1$，公比をxとすると

(1) 一般項（第n項）：$a_{n-1} = n \cdot x^{n-1}$

(2) n項までの和：

$x \neq 1$のとき

$$S = \frac{1-(n+1) \cdot x^n + n \cdot x^{n+1}}{(1-x)^2}$$

$x = 1$のとき　$S = \frac{n \cdot (1+n)}{2}$

$$PV=\frac{A}{(1+\frac{r}{12})^{1}}+\cdots+\frac{A}{(1+\frac{r}{12})^{12\cdot n-1}}+\frac{A}{(1+\frac{r}{12})^{12\cdot n}}$$

次は，いよいよ合計のΣ（シグマ）の計算である。添え字 i は1から360まで動く。これは等比級数になっている。初項と公比の値は図に示したようになる。この等比数列の合計を求める数学公式を，数学ルール・データベースから検索する。そして，その公式に本問題の数値を代入して答えを計算する。

注意する点は，第 n 項は，公比 r の（$n-1$）乗であることである。公比 r の n 乗ではない。ここが間違えやすいポイントなので注意していただきたい。

以下の計算式では公比を R としてある。これは金利の r と区別するためである。

$$5\cdot\left[\sum_{i=1}^{360}\frac{1}{(1+\frac{0.01}{12})^{i}}\right]=5\cdot\frac{1}{(1+\frac{0.01}{12})}\frac{R^{360}-1}{(R-1)}$$

$$=5\cdot\frac{1}{(1+\frac{0.01}{12})}\frac{\left[\frac{1}{(1+\frac{0.01}{12})}\right]^{360}-1}{\frac{1}{(1+\frac{0.01}{12})}-1}=5\cdot\left[\frac{1-\frac{1}{(1+\frac{0.01}{12})^{360}}}{\frac{0.01}{12}}\right]$$

答えは，万単位の切り上げで，1,555万となる。

単純に5万×360回を計算すると，1,800万となるが，銀行の利息のおかげで，1,800万よりも少ない金額ですむことがわかる。

推論エンジンシミュレーション法の復習をしてみる。

Given Data, Unknownを書き出した後，計算に必要なルールを３つ，検索により持ってきた。

1．年金の現在価値（年末受取で n 年間）

2．支払い回数と複利（M.A.）

3．等比数列の和

これらのルールを組み合わせていくプロセスが演繹推論である。

年金（月末）

$$PV=\frac{A}{(1+r)^{1}}+\frac{A}{(1+r)^{2}}+\cdots+\frac{A}{(1+r)^{n-1}}+\frac{A}{(1+r)^{n}}$$

$$PV=\frac{A}{(1+\frac{r}{12})^{1}}+\cdots+\frac{A}{(1+\frac{r}{12})^{12\cdot n-1}}+\frac{A}{(1+\frac{r}{12})^{12\cdot n}}$$

$$5\cdot\left[\sum_{i=1}^{360}\frac{1}{(1+\frac{0.01}{12})^{i}}\right]=5\cdot\frac{1}{(1+\frac{0.01}{12})}\ \frac{R^{360}-1}{R-1}$$

$$=5\cdot\left[\frac{1-\frac{1}{(1+\frac{0.01}{12})^{360}}}{\frac{0.01}{12}}\right]$$

m	意味	複利式
1	Annually (P.A.)	$(1+\frac{r}{1})^{1\cdot n}$
2	Semiannually (S.A)	$(1+\frac{r}{2})^{2\cdot n}$
3	Quarterly (Q.A.)	$(1+\frac{r}{4})^{4\cdot n}$
12	Monthly (M.A.)	$(1+\frac{r}{12})^{12\cdot n}$

$$S=\frac{a_0(1-r^{n})}{1-r}=\frac{a_0(r^{n}-1)}{r-1}$$

問題1の推論エンジンシミュレーション法による解法プロセス

まずは必要なルールを並べる。それらの式を組み合わせることで，求めたい方程式を導くプロセスが，演繹推論プロセスである。

この演繹推論のプロセスで重要なことは，ルールの適用条件を間違えないことである。代表的な間違えやすい箇所は以下の通り。

× 支払いが期首なのに，期末で計算した。

× 支払い回数がM.A.なのに，P.A.のルールを使った。

× PVを万円単位で，Aを1千円単位で，というように違った通貨単位で等式を作成。

×　最後のキャッシュフローに額面金額を加算しなかった。

こうした間違いを回避するためには，ルールの適用条件に十分注意を払うことが必要である。金融工学の数学では，等比数列の和の計算が何度も繰り返し出てくる。その公式を適用する際に，上記のような要注意箇所の条件（期末，支払い回数，最後の処理）に関して，幅広いバリエーションがある。

与えられた文章題がどのような条件なのかによって，等比数列の和の式は変わってくる。すぐに，ルールを適用せずに，まずは，条件にあったシグマの式をきちんと書くことである。そして，次のステップとして，純粋な数学の計算問題として，その計算をしていただきたい。

問題２：ローン返済の問題

白熊エリザベスさんは，念願の家を建てるために，4,000万円のお金を年率２％で銀行から借りた。借りた１か月後から１か月ごとに同じ金額を返済するとする。今から10年後に返済を完了するためには，毎月にいくらずつ返済すればよいか求めよ。

まずは，文章題で与えられたデータ（Given Data）と未知数（Unknown）をノートに書き出してみる。

キャッシュフローの値の正負に注意してキャッシュフロー列も書いてみよう。

Given Data

*キャッシュフロー列（4000万，$-x$万，$-x$万，…，$-x$万）

*年利率 $r = 0.02$

*返済期間年数 $n = 10$

*毎年の支払い回数 $m = 12$（M.A.）

*完済するまでの支払い回数 $mn = 120$

Unknown

*月々に返済する金額x万円

経済・経営ルール・データベース

■ローンの返済

キャッシュフロー列（P, $-x$, $-x$, $-x$, …, $-x$）

*現在価値で等式を作る場合

$$[P\text{円}] = \sum_{i=1}^{n} [x\text{円の現在価値}]$$

$$P = \frac{x}{(1+r)^1} + \frac{x}{(1+r)^2} + \cdots + \frac{x}{(1+r)^n}$$

$$= x\sum_{i=1}^{n}\frac{1}{(1+r)^i} = x\frac{1-\frac{1}{(1+r)^n}}{r}$$

*完済時の将来価値で等式を作る場合

$$[P\text{円の将来価値}] = \sum_{i=1}^{n} [x\text{円の将来価値}]$$

$$P(1+r)^n = x(1+r)^{n-1} + \cdots + x(1+r) + x$$

両辺を $(1+r)^n$ で割れば，

現在価値の式と同じになる。

重要なキーワードは「ローン返済」である。まず，ルール・データベースからローン返済のルールを見つけよう。上記のようなルールが発見できた。

ここから，ローン返済のルールの中身を説明する。

ローンの返済の場合は，借りた金額と，返済金額の合計が等しくなるように等式をつくる。

等式を考える時期により，２種類の考え方ができる。

1．現在価値に直して等式をつくる場合

2．将来価値（完済時点の価値）に直して等式をつくる場合

両方のケースを説明するので，ルール「ローンの返済」を参照していただき

たい。

ケース１：現在価値に直して等式をつくる場合

- 借りた金の現在価値は，そのままP円
- １回分の返済額x円の現在価値は，$(1+r)$のk乗で割った値
  添え字kは，返済した時はいつであるか，を表している。

ケース２：将来価値に直して等式をつくる場合

- 借りた金の将来価値（P円から増えている）
- １回分の返済額x円の将来価値
  将来価値は，xに$(1+r)$のm乗をかけた値となる。
  mは，その返済時からの残りの期間，を表している。
  残りの期間を数える際は，キャッシュフロー列を使うと便利である。

将来価値の等式の両辺$(1+r)$のn乗で割れば，現在価値の等式と同じになる。以下にその割り算のようすを示す。

$$P\frac{(1+r)^n}{(1+r)^n}=x\frac{(1+r)^{n-1}}{(1+r)^n}+\cdots+x\frac{(1+r)}{(1+r)^n}+x\frac{1}{(1+r)^n}$$

$$P=\frac{x}{(1+r)^1}+\frac{x}{(1+r)^2}+\cdots+\frac{x}{(1+r)^n}$$

これにより，どちらの考えでも，答えは同じになることが確認できた。

推論エンジンシミュレーション法の復習をしてみる。

Given Data, Unknownを書き出した後，計算に必要なルールを３つ，検索により持ってきた。

１，ローンの返済（現在価値で等式をつくる場合）

２．支払い回数と複利（M.A.）

３．等比数列の和

この問題の答えは36.805万円となる。１千円単位で切り上げれば，369,000円となる。

ローン返済（月末）

↓

現在価値で等式を作る

$$P=\frac{A}{(1+r)^1}+\frac{A}{(1+r)^2}+\cdots+\frac{A}{(1+r)^{n-1}}+\frac{A}{(1+r)^n}$$

↓

$$P=\frac{A}{(1+\frac{r}{12})^1}+\cdots+\frac{A}{(1+\frac{r}{12})^{12\cdot n-1}}+\frac{A}{(1+\frac{r}{12})^{12\cdot n}}$$

↓

$$4000=x\cdot\left[\sum_{i=1}^{120}\frac{1}{(1+\frac{0.02}{12})^i}\right]=x\cdot\frac{1}{(1+\frac{0.02}{12})}\frac{R^{120}-1}{R-1}$$

$$=x\cdot\left[\frac{1-\frac{1}{(1+\frac{0.02}{12})^{120}}}{\frac{0.02}{12}}\right]=x\times108.67$$

$x=36.805$

m	意味 / 複利式
1	Annually (P.A.) $(1+\frac{r}{1})^{1\cdot n}$
2	Semiannually (S.A) $(1+\frac{r}{2})^{2\cdot n}$
3	Quarterly (Q.A.) $(1+\frac{r}{4})^{4\cdot n}$
12	Monthly (M.A.) $(1+\frac{r}{12})^{12\cdot n}$

$$S=\frac{a_0(1-r^n)}{1-r}=\frac{a_0(r^n-1)}{r-1}$$

問題2の推論エンジンシミュレーション法の解法プロセス

問題３Ａ：債券の内部収益率の問題

５年後に満期の来る額面が1,000万円の利付債券を1,200万円で購入した。クーポン率が10％で（年１回）のとき，満期利回り（年率）はいくらになるか。

まず債券のキャッシュフロー列についてのルールを説明する。債券のキャッシュフローの典型的な例は，始めに購入，期間ごとにクーポン支払い，そして，最後の支払いには，クーポン支払いに額面がプラスされる，という列である。次頁に例を示した。

次に，文章題で与えられたデータ（Given Data）と未知数（Unknown）をノートに書き出してみる。

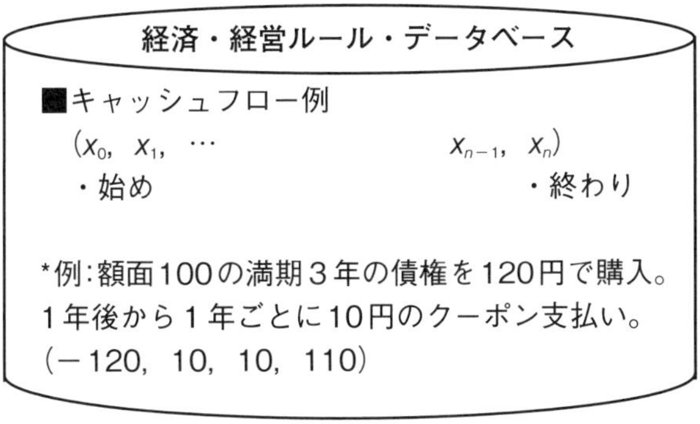
経済・経営ルール・データベース
■キャッシュフロー例
(x_0, x_1, …　x_{n-1}, x_n)
・始め　・終わり
*例：額面100の満期3年の債権を120円で購入。
1年後から1年ごとに10円のクーポン支払い。
(−120, 10, 10, 110)

Given Data

*キャッシュフロー列

(−1200, 1000×10%, 1000×10%, 1000×10%, 1000×10%+1000)

*購入価格　$P=1200$

*額面　$F=1000$

*クーポン率 $c=0.1$（10%）

*期間年数 $n=5$

*毎年の支払い回数 $m=1$（P.A.）

*完済するまでの支払い回数 $mn=5$

Unknown

*満期利回り　λ

重要キーワードは満期利回りである。このキーワードで，ルールを検索すると，ルール「債券の満期利回り」が発見できた。

その内容を見ると，「満期利回りとは，P円で購入した場合のIRRのこと」という記述がある。今度は，IRRという用語がわからない。

そこでIRRで検索をかけると，ルール「キャッシュフロー列の内部収益率IRR」が発見できた。

このIRRの式に，債券のキャッシュフロー列の値を代入すると，債券の満期利回りの式が求められる。

$$0 = x_0 + \frac{x_1}{(1+r)^1} + \frac{x_2}{(1+r)^2} + \cdots + \frac{x_{n-1}}{(1+r)^{n-1}} + \frac{x_n}{(1+r)^n}$$

支払い回数はP.A.なのでそのままでよい。以下のGiven Dataを代入すれば，満期利回りλに関する方程式が求められる。

*購入価格　$P = 1200$

*額面　$F = 1000$

*クーポン率 $c = 0.1$（10%）

*期間年数 $n = 5$

経済・経営ルール・データベース

■債券の満期利回り（*P.A.*）

IRRのこと

*λ：満期利回り

*満期までの残りの支払い　n年

*P：価格

*C：クーポン支払額

*F：額面

$(-P, C, C, \cdots, C, C+F)$

IRRの公式を適用する。

$$0 = -P + \frac{C}{(1+\lambda)^1} + \frac{C}{(1+\lambda)^2} + \cdots + \frac{C}{(1+\lambda)^n} + \frac{F}{(1+\lambda)^n}$$

$$P = C\left[\sum_{i=1}^{n} \frac{1}{(1+\lambda)^i}\right] + \frac{F}{(1+\lambda)^n}$$

しかし，λの5乗を含む5次方程式になるので，数学ソフトウエアを使わないと解くことが難しい。やはり金融工学の数学を行うときは，Maple，Mathematicaなどのソフトウエアが傍らにあることが望ましい。

ここではMapleのsolveコマンドを使って，この方程式をλについて解いた。

$$\mathrm{solve}\left(0=-1200+\frac{1000\cdot 0.1}{(1+\lambda)^1}+\frac{1000\cdot 0.1}{(1+\lambda)^2}+\frac{1000\cdot 0.1}{(1+\lambda)^3}+\frac{1000\cdot 0.1}{(1+\lambda)^4}+\frac{1000\cdot 0.1+1000}{(1+\lambda)^5},\quad \lambda\right)$$

5次方程式なので，虚数解も含めて解は5つ示される。そのうちから，実数の解を選び出す。答えは，$\lambda=0.053$となった。すなわち，5.3%である。

経済・経営ルール・データベース

■キャッシュフロー列の将来価値

$$FV=x_0\cdot(1+r)^n+x_1\cdot(1+r)^{n-1}+\cdots+x_{n-1}\cdot(1+r)+x_n$$

各項　$x_A\cdot(1+r)^B$　　$A+B=n$となる。

■キャッシュフロー列の現在価値

$$PV=x_0+\frac{x_1}{(1+r)^1}+\frac{x_2}{(1+r)^2}+\cdots+\frac{x_{n-1}}{(1+r)^{n-1}}+\frac{x_n}{(1+r)^n}$$

各項　$\frac{x_A}{(1+r)^A}$　上下で添え字は同じ。

*現在価値と将来価値の関係式

$$PV\times(1+r)^n=FV$$

■キャッシュフロー列の内部収益率　IRR

Internal Rate of Return : IRRとは

現在価値をPVをゼロとするようなrのこと。

$$0=x_0+\frac{x_1}{(1+r)^1}+\frac{x_2}{(1+r)^2}+\cdots+\frac{x_{n-1}}{(1+r)^{n-1}}+\frac{x_n}{(1+r)^n}$$

*IRRが市場金利よりも大ならば（IRR>市場金利）

その投資は検討の価値がある。

満期利回り

↓

$$P=\frac{C}{m}\left[\sum_{i=1}^{n}\frac{1}{(1+\frac{\lambda}{m})^{i}}\right]+\frac{F}{(1+\frac{\lambda}{m})^{n}}$$

満期利回りのルール

$$0=-1200+\frac{100}{1}\left[\sum_{i=1}^{5}\frac{1}{(1+\frac{\lambda}{1})^{i}}+\frac{1000}{(1+\frac{\lambda}{1})^{5}}\right]$$

↓

$$1200=\frac{100}{(1+\lambda)^{1}}+\frac{100}{(1+\lambda)^{2}}+\frac{100}{(1+\lambda)^{3}}+\frac{100}{(1+\lambda)^{4}}+\frac{100+1000}{(1+\lambda)^{5}}$$

問題3Aの推論エンジンシミュレーション法による解法プロセス

次に債券の価格と利回りの関係を調べる問題を解いてみる。

問題3B：価格・利回り曲線（price-yield curve）

上記の問題3Aで与えられた債券の他の条件はそのままにして，満期利回りの変動が購入価格にどのように影響するかを見たい。満期利回りを横軸にとって，購入価格のグラフを描きなさい。購入価格の関数は補間して連続関数とすること。

まずは，文章題で与えられたデータ（Given Data）と未知数（Unknown）をノートに書き出してみる。

Given Data

*キャッシュフロー列

（-1200，$1000\times10\%$，$1000\times10\%$，$1000\times10\%$，…，$1000\times10\%+1000$）

*購入価格　P

*額面　$F=1000$

*満期利回り　λ

*クーポン率 $c = 0.1$（10%）
*期間年数 $n = 5$
*毎年の支払い回数 $m = 1$（P.A.）
Unknown
*購入価格 $P = P(\lambda)$

Unknownの関数Pに注目していただきたい。価格Pは満期利回りλの関数である。先の問題3Aでは，$P = 1200$という具体的な値を入れて，方程式をλについて解いた。今回は,Pは変数のままにした方程式を,Pについて解けばよい。

$$\text{solve}\left(0 = -P + \frac{1000 \cdot 0.1}{(1+\lambda)^1} + \frac{1000 \cdot 0.1}{(1+\lambda)^2} + \frac{1000 \cdot 0.1}{(1+\lambda)^3} + \frac{1000 \cdot 0.1}{(1+\lambda)^4} + \frac{1000 \cdot 0.1 + 1000}{(1+\lambda)^5},\ P\right)$$

$$\boxed{\frac{100.(15. + 10.\lambda + 10.\lambda^2 + 5.\lambda^3 + \lambda^4)}{1. + 5.\lambda + 10.\lambda^2 + 10.\lambda^3 + 5.\lambda^4 + \lambda^5}}$$

$P = P(\lambda)$は，かなり複雑な式となった。これは先ほどと同様に，Mapleを使うことにする。Mapleで描画した結果を，以下に示した。

図表5－1　価格P・利回りλの関係

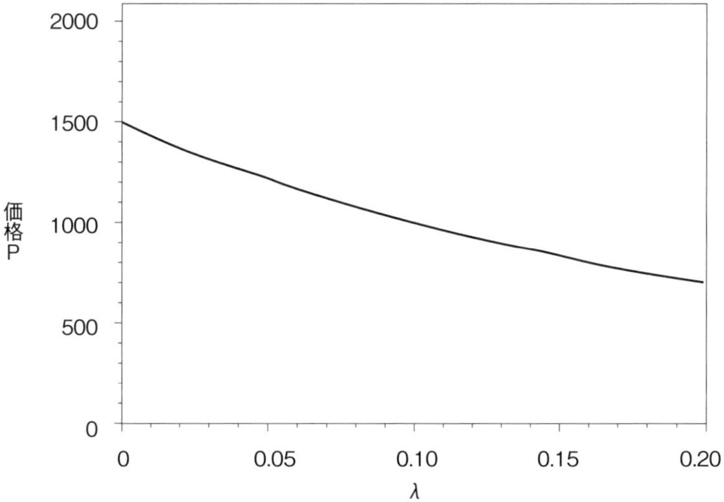

満期利回りλが大きくなると，価格は下がる。

問題は以上であるが，この他，関連するルール・ベースを載せておくので，今後の金融工学数学の勉学に活用していただきたい。

経済・経営ルール・データベース

■ディスカウント・ファクター

Discount Factor : *DF*

*n年後に発生するキャッシュフローAの現在価値

$$PV=\frac{A}{(1+r)^{1}}+A\cdot(1+r)^{-n}$$

*ディスカウント・ファクター

$$DF=\frac{1}{(1+r)^{n}}=(1+r)^{-n}$$

■年率と利払い回数の同額返還（P.A.）

年率，利払い回数

$(r_1,\ m_1)\ \rightarrow\ (r_2,\ m_2)$

$r_1 < r_2$ ならば $m_1 > m_2$

$r_1 > r_2$ ならば $m_1 < m_2$

$$r_2=m_2\left[\left(1+\frac{r_1}{m_1}\right)^{\frac{m_1}{m_2}}-1\right]$$

経済・経営ルール・データベース

■減価償却

控除額の例

(x_0,　x_1,　x_2, …,　x_n)

・購入時　・減価償却　・減価償却　・減価償却
・耐用年時

*定額法の例：控除額の列

(0, 1000万, 1000万, 1000万, 1000万)

耐用年数4年

■実質金利（Real Interest Rate）

*実質金利 r_0　インフレ率を考慮

*名目金利 r　インフレ率を考慮しない

*インフレ率 f

$$1+r_0=\frac{1+r}{1+f}$$

・貯金によって金は $(1+r)$ 倍

・買い物できる量は $\frac{1}{1+f}$ 倍

（f > 0ならば減る）

経済・経営ルール・データベース

■永久年金

*年末受取で n 年間。

$$PV=A\cdot\frac{1-\frac{1}{(1+r)^n}}{r}$$

n を無限大にすると

$$PV=\frac{A}{r}$$

*年の始め受取で n 年間

$$PV=A\cdot\left[\frac{1+r}{r}\cdot\left\{1-\frac{1}{(1+r)^n}\right\}\right]$$

n を無限大にすると

$$PV=A\cdot\frac{1+r}{r}$$

3 まとめ

推論エンジンシミュレーション法により金融工学の数学問題を解く様子を解説した。推論エンジン法は，わからない用語を知識ベースで検索し，該当するルールを持ってくる。そして，それらのルールを組み合わせるだけである。この組み合わせプロセスが演繹推論プロセスである。

推論エンジン法の利点は，何がわからないのかが明確になる点である。問題が解けない場合，何がわからないのかさえ不明なのでは，本当に思考がストップしてしまう。しかし，何がわからないのかがわかれば，それを検索により，調べることができる。検索対象は知識ベースであっても，Webであってもよい。人に聞くことも有効な手段である。

また演繹推論のプロセスのどこがわからないのか，間違えたか，についても，ルールと演繹推論のプロセスを書き出すことでクリアになってくる。プロセスを書いてもっていけば，数学教師に質問もできる。ほとんどの場合，問題が解けない学生は，質問がしたくても，質問もできないことが多い。そうした困った状態から，質問ができる状態になることは大きな進歩であり，問題解決まであと数歩のところに来たといえよう。

推論エンジンシミュレーション法は，実際的な役に立つ方法である。まずは，信じて，試していただきたい。

[参考文献]

小川均（2000）「3.知識表現と推論」溝口理一郎・石田亨編『人工知能』オーム社。

椎原浩輔（2000）『Mathematicaによる金融工学』東京電機大学出版局。

白田由香利（2009）『悩める学生のための経済・経営数学入門　3つの解法テクニックで数学アレルギーを克服！』共立出版。

白田由香利（2010）「推論エンジンをベースとした経営数学教授法とそのアンケート評価」『学習院大学経済論集』第46巻第3号。

前田隆・青木文夫（2000）『新しい人工知能 発展編』オーム社。

Luenberger, D. G.（1998）*Investment Science*, Oxford University Press.（今野浩・鈴木賢一・枇々木規雄訳『金融工学入門』日本経済新聞社，2002年）

Shirota, Y.（2009）“Instruction Methods for Solving Word Problems in Mathematics Education,”

Gakushuin Economics Papers, 46（1）, pp.69-81.
Zima, P. & R. L. Brown（1996）*Schaum's Outline of Mathematics of Finance*, Second Edition, Schaum's Outline Series, McGraw-Hill.

第6章 クラウドコンピューティングによる学習ツールの構築

1 大学でのクラウドコンピューティングの必要性

1-1 学生の利用環境

クラウドコンピューティングは，大学教育によくなじみ，必要ともされている。学生は，一定の場所の同じPCで学習するのではなく，大学のPC室や図書館，講義室のPCであったり，自宅のPCであったり，ときには，携帯電話などの携帯端末，ネット接続が可能なゲーム機で学習する。しかし，導入されているOSやアプリケーションソフトウエアの種類やバージョンが異なるとうまく学習することができないことが多い。また，必要なソフトウエアが導入されているとは限らない。

また，大学のPCと自宅間のデータのやり取りは，USBメモリを利用したり，Webベースのメールで自分宛の添付ファイルで行う。紛失や最新版が複数あるといったミスが多発している。

逆に，学生のネットワーク環境は向上している。大学内のほぼすべてのPCはネットワークに接続されており，多くの大学で無線LANなどを学生に開放して学内のいたるところでネットワークに接続できる。自宅でも，高速のネットワーク環境が普及している。しかし，一部の学生を除いて，PCを持ち歩いてはいない。学生は，携帯電話でメールをやり取りし，携帯電話のブラウザで情報を得ている。

クラウドコンピューティングを利用すれば，データをサーバーに置き，ソフトウエアもサーバー上で動作したり，サーバーから供給されたりする。インターネット上で提供されるストレージを利用すれば，異なる場所でのデータのやり取りが容易になり，Google Documentのようなブラウザ上で実行するOfficeソフトウエアを利用すれば，OSやPCの環境を選ばず，学習することができる。

1-2　サーバーへの要求

大学のPC資源やネットワーク資源の利用は，一時期に集中することが多い。授業開講期間の利用は多く，夏休みなどの長期休暇中は少ない。大学の受講登録システムの利用は学期始めに集中し，PCの利用やレポート（課題）管理システムの利用は，提出期限が多い学期末に集中することが多い。一部の専門的なソフトウエアは，そのソフトウエアを利用する授業利用や課題の提出期限に集中する。大学のシステムは，最大利用の負荷に耐えられるように余裕を持って設計されているが，想定を上回る利用で，処理の遅延や利用制限が行われる。また，閑散期には，ほとんど利用されない。

クラウドコンピューティングを利用することにより，必要なときにサーバー資源を購入することができる。

大学の教育活動，業務のIT化が進むにつれ大学のシステムの稼働率への要求は高まっている。例えば，電子メールサービスは，365日，停止することなく運用することが求められている。しかし，100%の稼働率が求められているわけではなく，99.9%程度の現在提供されているクラウドコンピューティングの稼働率で十分である。大学のシステムでは，電気システムの点検，システムの更新などで停止する。また，24時間管理要員を常駐させたり，また，システムを多重化したりすることは費用負担の面で難しい。そのため，電子メールサービスをGmailなどのクラウド化する大学は増えている。

大学は，学校法人などの公益を目的とする法人で運営されている。そのため，地球環境に配慮したエネルギー効率の向上が求められている。一般に，大学のビルの一室でサーバーを運用するより，大規模な運営やコンテナ型のデータセンターの構築など様々な技術により，エネルギー効率を高めているクラウドコンピューティングを利用する方が，省資源化を進めることができる。

2 大学で利用されているクラウド，ネットワークシステム

2-1　電子メールシステム

電子メールは，Gmailをはじめ，様々なシステムが提供されており，多くの大学で移行が進んでいる。また，独自に運営されていても，学生はWEBメールを利用でき，学生から見ればインターネットに接続されているPCであれば，ブラウザを利用してメールのやり取りをすることができる。

2-2　ストレージサービス

多くの大学で，PCにログインすると学生専用の100MByte程度のストレージが与えられる。多くの場合，そのストレージのファイルを自宅等からネットワークをとおして参照するのは困難である。また，学生によっては容量が不足し，USBメモリを利用し，紛失等の危険にさらされる。

全体でのストレージ容量も，４月入学３月卒業というサイクルを考えると，４月には少なくても3/4以下になり，卒業研究での利用を考えると半分程度になると考えられる。ストレージサービスを利用すれば１GByteあたり月額100～200円という費用で実現できる。もちろん，ローカルのPCでの認証，仮想ドライブやキャッシュのシステムを開発する必要がある。

2-3　学習管理システム（LMS）

多くの大学でLMS（Learning Management System：学習管理システム）というシステムが導入されている。授業毎に，教材の配布，レポート（課題）の回収，お知らせなどを行うソフトウエアである。

多くのシステムは，WEBベースのもので，学生にとっては，クラウド化されている。ただし，サーバーの運用は学内で行われていることが多い。

しかし，LMSの多くは，通信教育や遠隔地教育を念頭に置いたものが多い。教材の参照・実行履歴を管理することもできる。しかし，大学教育は，大学での講義や演習が中心であり，その補助としてLMSがある。教育の目的は，学

習の管理ではなく学習であり，LMSでは，講義等をどのように支援するかが重要である。

例えば，学生の認証は，LMSで行い，学生は次節以降で説明する教員等が開発したシステムを利用して学習をし，その成果を再びLMSに通知することも可能である。このような問題に対応する手段として，SCORM（Shareable Content Object Reference Model）が提案されている。しかし，この機能は必須ではない。成果物をワードプロセッサに転記し，考察等を加えて，通常のレポート提出機能で十分であることが多いからである。

2-4　VOD

大学でのVOD（Video On Demand）は，講義を録画し，学生が講義時間にかかわらず，都合のよい時間に講義を視聴することができるようにしたシステムを意味する。しかし，通信教育と同様，かなり高いモチベーションを必要とする。さらに，教員と学生，学生間のコミュニケーションがとれず，講義を受けられなかったことの代替と復習としての授業内容の確認となる。

2-5　Officeソフトウエア

様々な場所で学習する学生にとって，前述のようにどこでも同じように使える表計算，ワードプロセッサ，スライド作成ソフトウエアは必要であり，ファイルもネットワーク上にあることが望ましい。

2-6　学習ソフトウエア

以上，大学教育で使われる様々なソフトウエアについて，クラウド化の状況や可能性について考察してきた。しかし，これらのソフトウエアは，大学教育をサポートするソフトウエア，補助的なものである。

次節で，大学教育に本質的に重要なソフトウエア，学習ソフトウエアについて，分類し，それぞれのクラウド化した例について述べる。

3 WEBベースの学習システム

これまで検討したように，大学の教育システムは，クラウドコンピューティングになじむ。本節では，このような状況に対応するため，どのようなネットワークを通して学習するシステムが必要か検討し，それを実現したシステムを紹介していく。

3-1　手順学習支援

金利計算，簿記の原価計算などは，決まった手順があり，それに従って問題を解いていくもので，この手順で回答できることを学習する。手順を繰り返すことにより，その手順が意味することを理解，記憶することに目標がある。または，資格検定試験の学習でもある。

このような問題は，教員と一緒に解くことが学習効果を高めると考えられる。しかし，教員や授業の支援者（TA：Teaching Assistant）が各学生と一緒に解くことは，なかなか難しい。また，授業のスケジュール上，そう多くの時間を演習に割くわけにはいかない。

通常，このような学習は自習となる。しかし，途中でミスを犯しても，どこでミスをしたのかわからない。そもそもやり方がわからないという問題が発生する。その場合，手順を確認しながら，正解までたどり着くソフトウエアが必要となる。

図表６－１は，金利計算を学習するWebである。学生には，$F = P \times (1 + r)^n$ の４つの変数のうち，１つを不明，他の３つの変数を既知として，不明な変数の値を求めさせる問題を与える。

(1) どの変数を不明としている問題なのかを選択させる。図表６－１は，nが不明の場合である。

(2) 問題文から，既知の変数の値を入力させる。既定の範囲内の値であれば，どのような値でも対応している。

(3) (2)の入力後，F, P, r に値を代入していき，単純な指数関数の式に変形する。この画面で，対数を使った式に表現し直す。

図表6-1　金利計算の学習Web（現在価値，将来価値と利率から期間を求める）

(1) どの変数を求めるか選択

金利計算(複利)を対話的に学習するweb
$F = P * (1+r)^n$
- F(将来価値，n年後の元利合計)を求める
- P(現在価値，元金)を求める
- r(利子率，1期間=1年のとき年利)を求める
- n(期間，1期間=1年のとき年数)を求める

4つの変数(F,P,r,n)のうち，3つがわかっているとして，残り1つを求めます。

(2) 問題の設定

n(期間)を求める
F,P,rを入力してください
- F(将来価値，n年後の元利合計)：2000
- P(現在価値，元金)：1000
- r(利子率，0＜r＜1，1期間=1年のとき年利)：0.08
- n(期間，1期間=1年のとき年数)：n

$F = P * (1+r)^n$

(3) 対数の式での表現

対数を使った式に変形します．「│」は、塗え字を表します．
- F(将来価値，n年後の元利合計)：2000
- P(現在価値，元金)：1000
- r(利子率，0＜r＜1，1期間=1年のとき年利)：0.08
- n(期間，1期間=1年のとき年数)：n

$F = P * (1+r)^n$
$2000 = 1000 * (1+0.08)^n$
$(1+0.08)^n = 2000 / 1000$
$1.08^n = 2$
$n = \log_{1.08} 2$
$n = \log_{10} \quad / \log_{10} \quad$
$n = \quad /$

(4) 常用対数へ変換

対数を常用対数(10を底とする対数)に変換します．
- F(将来価値，n年後の元利合計)：2000
- P(現在価値，元金)：1000
- r(利子率，0＜r＜1，1期間=1年のとき年利)：0.08
- n(期間，1期間=1年のとき年数)：n

$F = P * (1+r)^n$
$2000 = 1000 * (1+0.08)^n$
$(1+0.08)^n = 2000 / 1000$
$1.08^n = 2$
$n = \log_{1.08} 2$
$n = \log_{10} 2 / \log_{10} 1.08$

(5) 関数電卓を使って計算

関数電卓を使って，常用対数を計算してください．小数点以下4桁(5桁目を四捨五入)まで計算．関数電卓が手元にないときは、だいたいの数値を入れて、「答え合わせ」後表示されるヒントをみてください

- F(将来価値，n年後の元利合計)：2000
- P(現在価値，元金)：1000
- r(利子率，0＜r＜1，1期間=1年のとき年利)：0.08
- n(期間，1期間=1年のとき年数)：n

$F = P * (1+r)^n$
$2000 = 1000 * (1+0.08)^n$
$(1+0.08)^n = 2000 / 1000$
$1.08^n = 2$
$n = \log_{1.08} 2$
$n = \log_{10} 2 / \log_{10} 1.08$
$n = 0.3010 \quad / \quad 0.0334$
$n =$

(6) 最終結果の計算

n(期間)を計算してください(小数点以下4桁まで)
- F(将来価値，n年後の元利合計)：2000
- P(現在価値，元金)：1000
- r(利子率，0＜r＜1，1期間=1年のとき年利)：0.08
- n(期間，1期間=1年のとき年数)：n

$F = P * (1+r)^n$
$2000 = 1000 * (1+0.08)^n$
$(1+0.08)^n = 2000 / 1000$
$1.08^n = 2$
$n = \log_{1.08} 2$
$n = \log_{10} 2 / \log_{10} 1.08$
$n = 0.3010 / 0.0334$
$n = 9.0120$

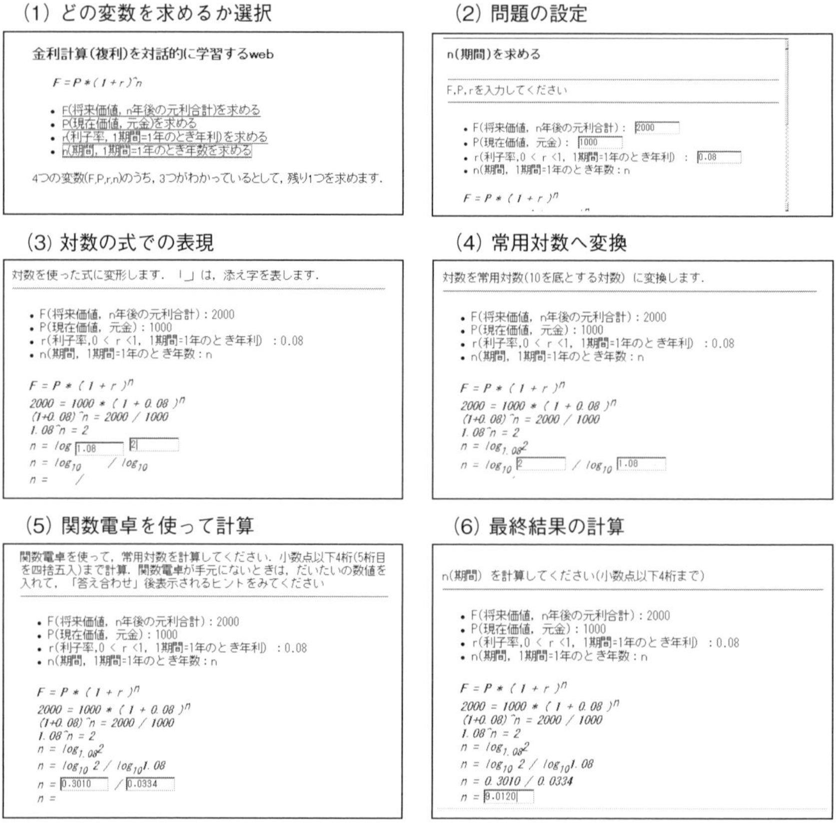

(4) 対数を常用対数の計算に変形する。
(5) OSに付属する関数電卓で，常用対数を計算させる。
(6) 最終的な n の値を計算させる。

このWebは，計算の仕方がわからない学生に対応するものであるので，理解している学生は，このWebを使わずに答えることもできる。

CAI（Computer-Aided Instruction）とかWBT（Web-Based Training）と呼ばれているソフトウエアは，決まった問題についてアニメーションなどを使い，授業を代替するもの（VODに近いもの）やドリル形式のものが多い。

教員等の指導者が行う場合，学生のミスに応じて適切なアドバイスを与える。これが，教員のノウハウ，知識である。また，決まった問題ではなく，様々な

問題に対応しなくてはならない。

3-2　体験・シミュレーション型

様々なモデルや理論，アルゴリズムでは，講義で考え方，計算方法を学習した後，学生が自分で計算してみることが重要である。学生にとって新しい考え方なので，誤解などで正しく計算できない場合がある。

3.2.1　関数のグラフ化

関数をグラフ化するWebを作成し，パラメータを入力させて，どのようにグラフが変化するのかを実験させることができる。

図表6−2　指数関数のグラフ化

(1) パラメータの入力　　(2) グラフの表示

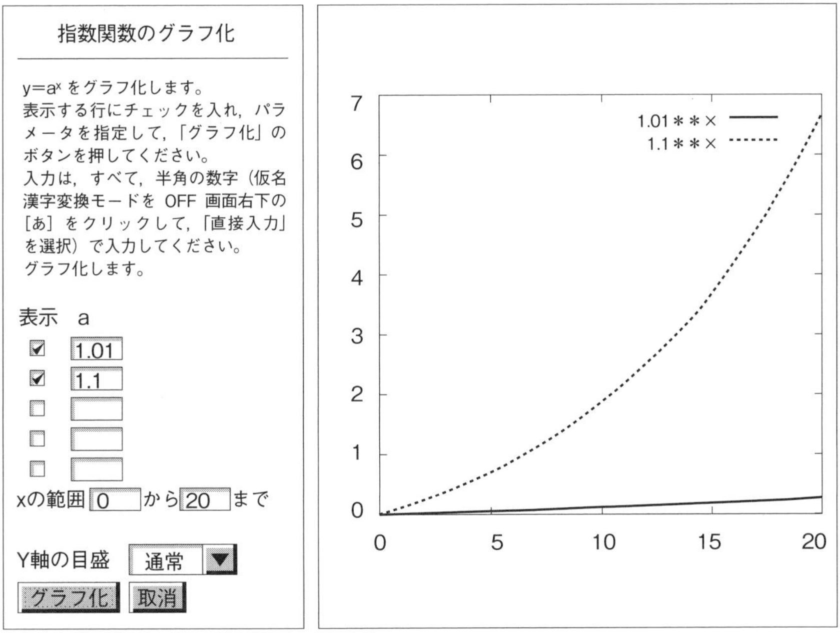

図表6−2は，「指数関数のグラフ化」のものである。指数関数$y=a^x$で複数のaを与え，グラフの形状を比較するものである。選択できるのは，xの範

囲と，Y軸の目盛りを通常にするか，片対数にするのかだけである。aの値，Y軸の目盛を変更するとグラフが変化する。そこで，aの値をいろいろ変化させて，指数関数の性質を体験させることができる，また，Y軸の目盛を「片対数」に変更して，グラフの線の形状やY軸の目盛がどのように変化するのかを考察する。

同様のグラフ化は，表計算ソフトウエアやグラフソフトウエアでも可能であるが，計算式やY軸の目盛の設定法などの教育が必要である。数学以外の前提を必要とせず，容易に使用できることが重要である。

3.2.2　相関係数の計算

図表6－3　平均，分散，共分散，相関係数の学習

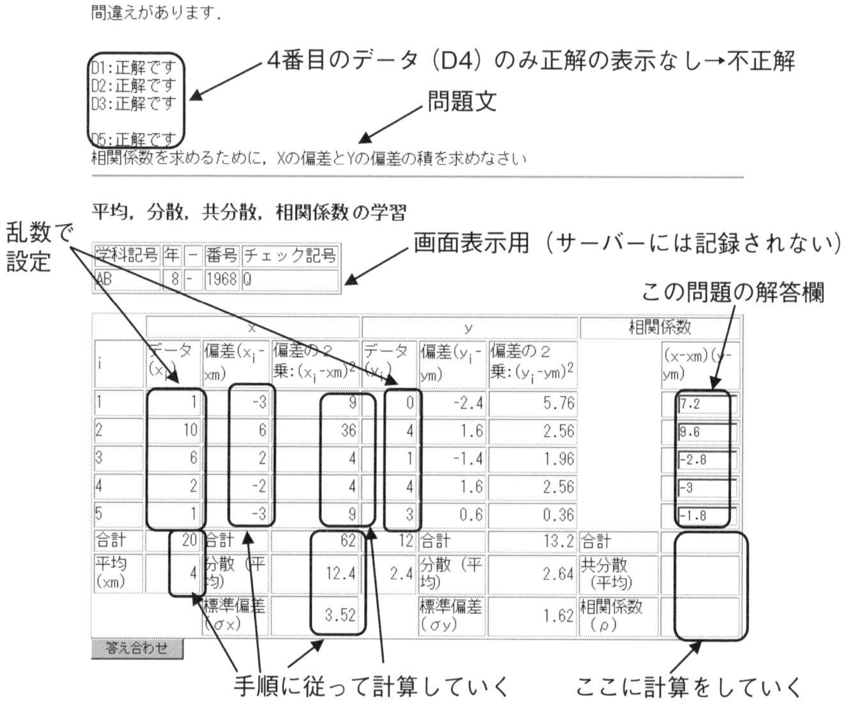

間違えがあります．
D1:正解です
D2:正解です
D3:正解です
D5:正解です
4番目のデータ（D4）のみ正解の表示なし→不正解
問題文
相関係数を求めるために，Xの偏差とYの偏差の積を求めなさい
平均，分散，共分散，相関係数の学習
乱数で設定
画面表示用（サーバーには記録されない）
学科記号 年 － 番号 チェック記号
AB 8 - 1968 Q
この問題の解答欄
x
y
相関係数
i
データ(xi)
偏差(xi-xm)
偏差の２乗:(xi-xm)2
データ(yi)
偏差(yi-ym)
偏差の２乗:(yi-ym)2
(x-xm)(y-ym)
1 1 -3 9 0 -2.4 5.76 7.2
2 10 6 36 4 1.6 2.56 9.6
3 6 2 4 1 -1.4 1.96 -2.8
4 2 -2 4 4 1.6 2.56 -3
5 1 -3 9 3 0.6 0.36 -1.8
合計 20 合計 62 12 合計 13.2 合計
平均(xm) 4 分散（平均） 12.4 2.4 分散（平均） 2.64 共分散（平均）
標準偏差(σx) 3.52 標準偏差(σy) 1.62 相関係数(ρ)
答え合わせ
手順に従って計算していく
ここに計算をしていく

相関係数の学習では，相関係数の符号で正の相関か負の相関かを判断するだけではなく，計算手順に従って計算して，なぜ相関係数の符号が，正か負の相関関係を表すのかを体験することが重要である。その場合，平均からの偏差の散布図を示して，偏差の積和と相関関係の関係を学習する。その後，図表6－3の積和や相関係数を求めるWebで，この考え方を定着させる。

(1) 学生番号等を入力させる。これは，画面上に表示され，最終画面を印刷，PDFファイル化したときに記載されるだけである。サーバー等には，記録されない。
(2) 乱数で，1番から5番のX系列のデータが表示される。
(3) 学生は，合計，平均の計算をし，平均との差異（偏差）を求め，分散，標準偏差を求める。
(4) Y系列についても同様に乱数で問題が与えられ，偏差，標準偏差等を求めていく。
(5) X系列とY系列の偏差を求めさせる（図表6－3の画面）。解答を記入し，答え合わせをすると，図表6－3上部の画面のように，正解したデータが表示される。間違った解答を修正する。
(6) 手順に従って，偏差積和，共分散，相関係数を計算していく。

従来は，このような計算は手計算で行っていた。学生が，最後の答え合わせで，間違えに気づくと，どこで間違ったかわからず途方に暮れてしまう。途中経過の解答を示せば，それに頼ってしまう。この学習ソフトウエアの支援を受けながら，最後まで自力で計算する。また，最終結果は，Webにより確認済みなので，採点の必要はない。

3.2.3 2分検索のアルゴリズムと狭義単調性の学習

狭義単調性のある関数は，2分検索を使えば，近似解を求めることができる。そこで，2分検索のアルゴリズムを学習し，学生がコンピュータになったつもりで，アルゴリズムを実行していくことにより，狭義単調性とアルゴリズムの理解を深めることができる。

図表6－4は，「2分検索により狭義単調増加関数の解を求めるWeb」である。

(1) 番号を乱数の種として，問題が表示される。図表6－4の場合，$f(x) = x^{0.852} + 0.099x$で，$f(x) = 10$となる$x$を求めるものである。

(2) 図表6-4の(A)は，3回目までの試行で，$f(10) = 8.06946$ と $f(15) = 11.4776$ から，$f(x) = 10$ となる x は，$10<x<15$ であることが判明している。さらに，範囲を狭めるため，$f(12)$ を試そうとしている。その際，$f(50) = 32.7551$ は，不要なので一覧から削除するようにしている。

(3) この試行を繰り返していき，(B)のように，10回目に，$f(12.8) = 9.9995$ と $f(12.85) = 10.0334$ より，$12.8<x<12.85$ であることがわかり，小数点以下1桁までの解は，12.8であることがわかる。

図表6-4　2分検索により狭義単調増加関数の解を求めるWeb

(A) 求める途中段階

2分検索

P37-98765432101234A さんへの課題
$f(x) = x^{0.85} + 0.099 \times x$ として $f(x) = 10$ （狭義単調増加関数）となる0より大の実数 x を求めなさい。
ただし，四捨五入して小数点以下1ケタまでもとめなさい。

次の処理を選んでください。[新たな x を入力 ▼]

記号	x	$f(x)$
A	50	32.7551
B	10	8.06946
C	15	11.4776

削除する x を指定してください
⦿ A ○ B ○ C
追加する x の値（0より大）を指定してください
[12]
[次の画面] [取消]

(B) 求めた解答

f(12.8) = 9.9995 および f(12.85) = 10.0334 より，
f(12.8) < 10 < f(12.85) です。
f(x)=10となる x は，12.8 < x < 12.85 です。
したがって，x を小数点以下1桁（四捨五入）までもとめると，12.8です。

$f(x)=10$ を求める過程

	x	$f(x)$
1	50	32.7551
2	10	8.06946
3	15	11.4776
4	12	9.45416
5	14	10.8094
6	13	10.1351
7	12.5	9.79552
8	12.8	9.9995
9	12.9	10.0674
10	12.85	10.0334

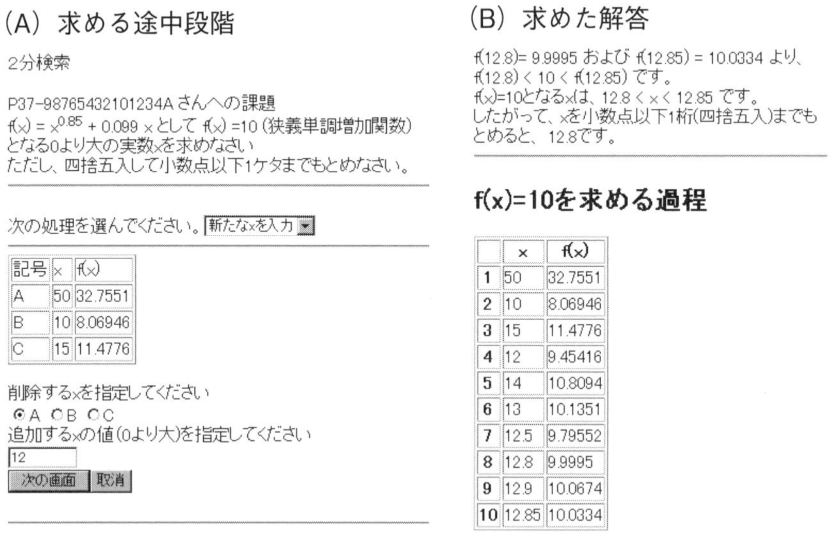

3-3　プログラミング教育

3.3.1　プログラミング教育でのサポートシステムの必要性

　手順学習支援の考え方は，プログラミング教育にも応用できる。プログラミングの学習は，講義で文法，アルゴリズムを学習し，実習でプログラムを作成する。講義で理解が完全でない点を実習を通して補完する。

　学生は，ミスをしながら，プログラムを作成していくが，わからない場合は，教員に質問する。学生に共通の間違いであるような質問には，全員に伝えるのだが，その間違いを犯すまでの学習段階にない学生には，あまり伝わらない。場合によっては，多くの学生にほぼ同じ質問に答えることになる。わからなくなった時に質問をする学生はよいが，わからないのに質問せず脱落していく学生がいる。声をかけるようにしているが，質問を優先させてしまい，経過観察にしてしまう。

共通のミスは，プログラムを見てもわかるが，入出力値の関係を見てもわかる。そこで，指定した入力値を与えて，その出力値を見て，ミスを修正する助言を提示するシステムを作成した。

また，学生は作成したプログラムのチェックが甘い。境界値での動作や初期値の設定など適切なチェックが行われない。そこで，いくつかのパターンでこのチェックを行うシステムが必要である。

3.3.2　PHPプログラミング学習支援システム

問題名を入力すると，図表6－5のようなWeb画面が表示される。

(1)　問題名に従って，作成する問題が表示される。

(2)　問題と同時に，作成するプログラムの雛形が表示される。学生は，function test2 ($n, $sum, $i) の中に，指定した変数名を使い，また，指定したfor文を使ってプログラムを作成する。この雛形の部分をテキストエディタに複写し，プログラムを完成させる。

(3)　完成したプログラムをアップロードし，送信し，チェックを行う。

文法エラー等コンパイルエラーを起こした場合，通常のPHPのシステムで表示されるエラーを返す。

図表6－6は解答例で，for文の終了条件について，問題文では，$n を含むように指定しているが，解答では含んでいない。

図表6-5　PHP学習支援システム（1から$nまでの合計）

WEBベースのPHP学習システム(解答ファイル，入力値)

問題(test2)

1から$nまでの合計($sum)を求めなさい．ただし，$sumには，初期値に何が入っているかわからないという前提で作成しなさい（プログラムの中で，$sumの初期値をきちんと設定しなさい）

作成するプログラムの最初と最後

Copy & Paste でエディタに貼り付け，これを基にプログラムを作成しましょう

```
<?php
function test2($n,$sum,$i){

for($i /* ここに$iを1からはじめて，$nまで繰り返すことを記述 */ ){
        phplns_debug($i,$sum);  //    これは，途中経過をチェック
        /* ここに繰り返しの作業を記述 */
}

}
?>
```
←──（2）解答の雛形

←──（1）問題

解答ファイル

プログラムの解答ファイル：[　　　] [参照]　←──（3）アップロード

チェック方法の選択(☑途中経過を表示(phplns_debug))

1. ○自分で入力値を設定
2. ●システムがチェック(☑正解の時もチェックの詳細を表示)

入力値の設定(上記で，1.の自分で入力値を設定を選んだときのみ)

$n [　　　]
[送信] ←──（4）実行

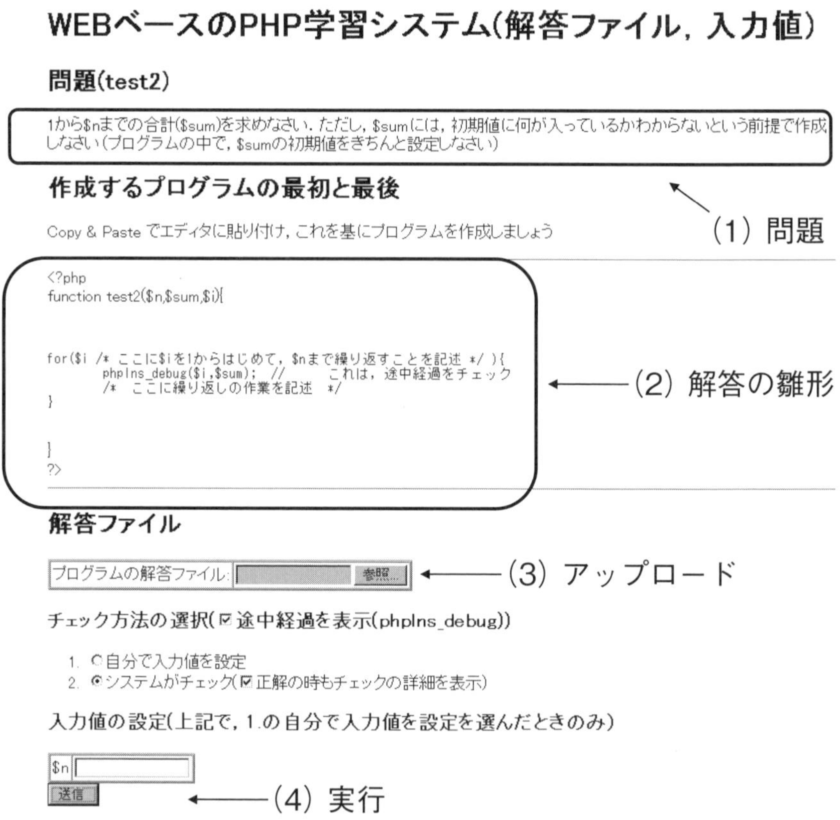

図表6-6　解答例（for文の終了条件を間違えたとき）

```
<?php
function test2($n,$sum,$i){
for($i =1 ; $i < $n ; $i++ ){
      phplns_debug($i,$sum);      //これは，途中経過をチェック
      $sum = $sum + $i;
}
}
?>
```

システムは，複数の入力値のパターンでプログラムをチェックする。図表6－7は，$nに10をセットした場合である。プログラム終了時に，$sumの値が45になったことから，「1から$nまでの計算です。最後の$nが$sumに含まれていないようです。終了条件の不等号をチェックしましょう」というメッセージを表示している。

図表6－8は，図表6－6のforの終了条件を修正したものである。1つめのチェックでは，$sumの初期値には空値が入っており，このプログラムでは正解となる。図6－9のように$sumの初期値に10を与えると不正解となり，$sumの計算結果の25から，「$sumが初期化されていません。forを開始する前に$sumに0を代入する必要があります」とメッセージが生成する。

図表6－7　図表6－6の解答のチェック結果

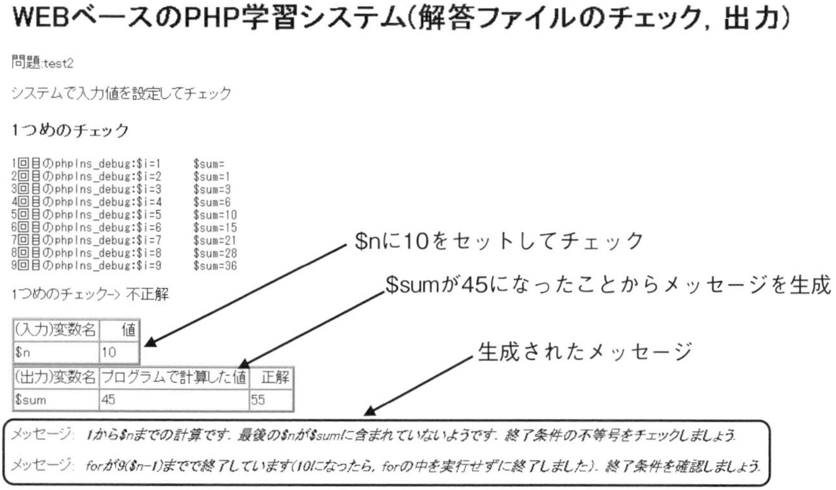

WEBベースのPHP学習システム(解答ファイルのチェック，出力)
問題:test2
システムで入力値を設定してチェック
1つめのチェック
1回目のphpIns_debug:$i=1　$sum=
2回目のphpIns_debug:$i=2　$sum=1
3回目のphpIns_debug:$i=3　$sum=3
4回目のphpIns_debug:$i=4　$sum=6
5回目のphpIns_debug:$i=5　$sum=10
6回目のphpIns_debug:$i=6　$sum=15
7回目のphpIns_debug:$i=7　$sum=21
8回目のphpIns_debug:$i=8　$sum=28
9回目のphpIns_debug:$i=9　$sum=36
1つめのチェック-> 不正解
(入力)変数名　値
$n　10
(出力)変数名　プログラムで計算した値　正解
$sum　45　55
メッセージ:　1から$nまでの計算です．最後の$nが$sumに含まれていないようです．終了条件の不等号をチェックしましょう．
メッセージ:　forが9($n-1)までで終了しています(10になったら，forの中を実行せずに終了しました)．終了条件を確認しましょう．
$nに10をセットしてチェック
$sumが45になったことからメッセージを生成
生成されたメッセージ

図表6－8　解答例（$sum を初期化していないとき）

```
<?php
function test2($n,$sum,$i){
for($i =1 ; $i <= $n ; $i++ ){
        phplns_debug($i,$sum);//これは，途中経過をチェック
        $sum = $sum + $i;
}
}
?>
```

図表6－9　図表6－8の解答チェック結果

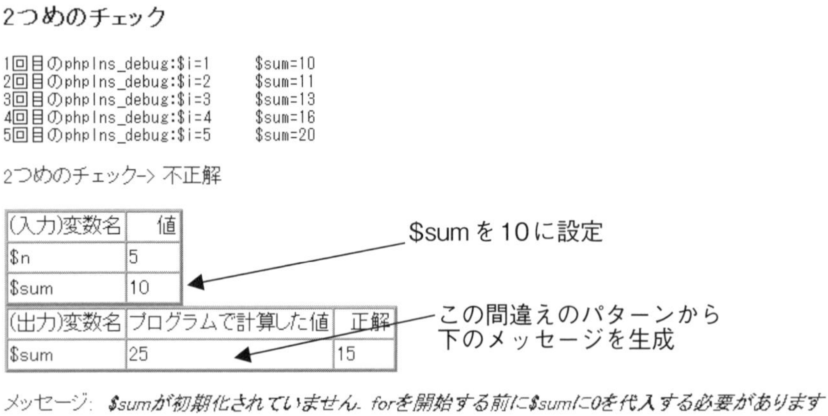

2つめのチェック
1回目のphplns_debug:$i=1 $sum=10
2回目のphplns_debug:$i=2 $sum=11
3回目のphplns_debug:$i=3 $sum=13
4回目のphplns_debug:$i=4 $sum=16
5回目のphplns_debug:$i=5 $sum=20
2つめのチェック-> 不正解
(入力)変数名 値
$n 5
$sum 10
$sum を 10 に設定
(出力)変数名 プログラムで計算した値 正解
$sum 25 15
この間違えのパターンから
下のメッセージを生成
メッセージ: $sumが初期化されていません。forを開始する前に$sumに0を代入する必要があります

3-4　分析ソフトウエア

3.4.1　Web を利用した分析ソフトウエアの必要性

大学の教育は，多様な分野にわたっている。例えば，経営･商学系の学部では，マーケティング，金融・経済学，会計学，経営学，情報処理などがあり，分析ツールは，統計学，オペレーションズ・リサーチ，数理計画法，計量経済学など多数ある。それぞれの分野や担当教員によって，必要なソフトウエアは異なる。ソフトウエアの使い方を教える実務教育であれば，1つのソフトウエアの

使い方を徹底的に習得するのも良いが，理論や考え方の修得を目指す大学教育では，事情が異なる。

システムを運用する側からすると，多様なソフトウエアをPC室に導入しなくてはならない。導入費用がかさみ，ソフトウエアを管理する手間も増大する。大学等でのアカデミックな利用に対して，多くのソフトウエア会社は優遇しているが，まだまだ高価なものである。

学生側からすると，自宅などで利用するには，そのソフトウエアを購入しなくてはならない。また，ユーザインターフェースやソフトウエアの設計思想も異なり，毎回，ソフトウエアの使い方や設定方法から学習を始めることになり，必要な学習の時間を減らしてしまったり，使い方をうまく習得していないことが学習の障壁になったりする。

このような問題点を解決する手段として，クラウドコンピューティングによる学習ソフトウエアの提供を提案する。学生は，WEB上でデータやパラメータを入力し，計算結果やグラフを得る。実際は，サーバーで計算を行うシステムであるが，学生にとっては，インターネット（クラウド）上で学習を行うクラウドコンピューティングである。

提供するWebベースのシステムは，その基本的なモデルの計算のみで十分である。基本的なモデルから外れたモデルは，学生には理解しづらい。ある程度の前処理は，表計算や電卓などで行う。ソフトウエアが勝手に調整したり，解釈したりするのは余計な機能である。データを入力し結果のグラフや解釈が自動で表示され完成，では学習にならない。ソフトウエアをブラックボックス化させてしまい，誤ったモデルの利用の温床になる。

また，モデルのサイズも小規模で十分で，計算速度も問われないので，モデルの計算部分のソフトウエアは容易に開発することができる。また，Rなどのフリーソフトウエアやオープンソフトウエア，公開されたソースプログラムを利用することができる。

学生は，表計算ソフトウエアや電卓などと併用して，分析をしていく。分析データの記録は表計算に，結果の保存はPDFに任せる。

3.4.2 「移動平均値」の計算とグラフ化

月次のデータを季節調整したり，周期変動を取り除いたりする基本的な方法

図表6－10　移動平均値のグラフ化

(1) データの入力　　(2) 結果のグラフ

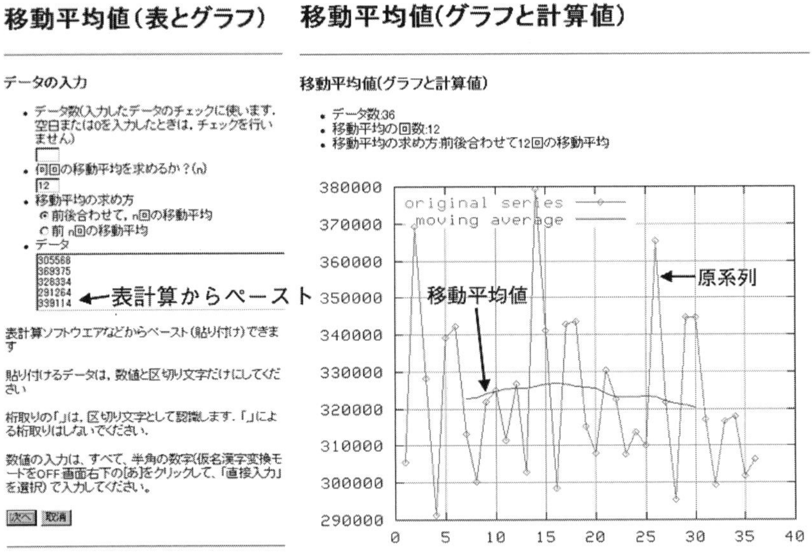

が移動平均である。学生に，月次のデータを収集させ，そのデータをWebに入力し，原系列と移動平均値のグラフを提示し，考察を行わせる。様々な月次データは総務省統計局のWebサイト，総合統計データ月報[1)]に，表計算形式で多数収録されているので，そのデータを利用できる。

図表6－10は，「総合統計データ月報」から「２人以上の世帯のうち勤労者世帯の１世帯あたり１か月間の収入と支出」の2006年11月から2009年10月の消費支出をグラフ化した。

(1) 表計算ソフトウエアから，必要な範囲をコピーし，Webのデータ欄に貼り付ける。また，月次データなので，回数を12にする。

(2) 原系列と12回の移動平均値のグラフが表示される。消費支出は，2，14と26回の12月，及び３，４月に多いことがわかり，季節変動があることがわかる。移動平均値の線は，最初上昇しているが，2008年はじめから下降をし続けていることがわかる。移動平均値は，原系列の値と共に，グラフの下方に表示されるので，範囲指定をしてコピーすれば，表計算ソフトウエアに貼り付けることができる。

図表6－11　マルコフ連鎖の学習

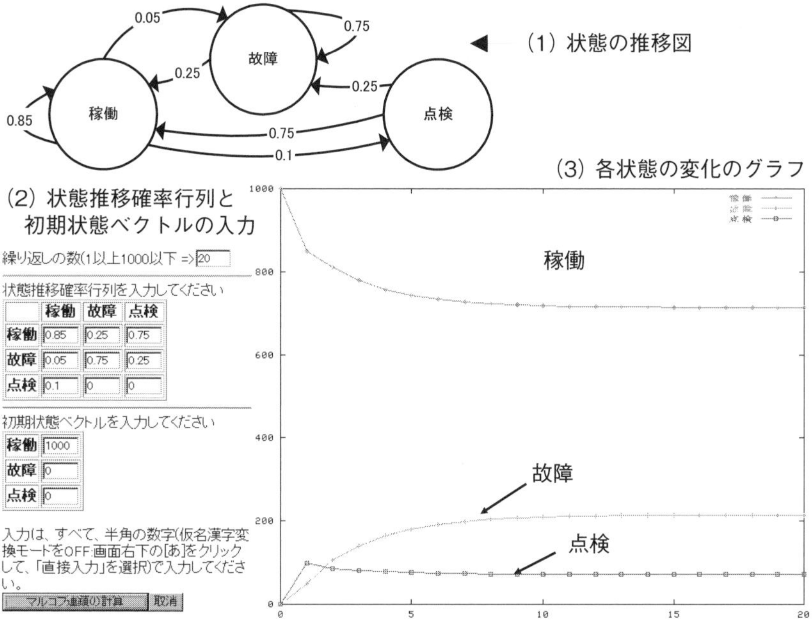

3.4.3　マルコフ連鎖

図表6－11は，マルコフ連鎖の学習Webである。

(1) モデルを作成し，状態の推移図を作成する。この図の作成は，別のドローソフトなどで作成する。

(2) 状態の数や状態名を入力する（画面は省略）。

(3) 状態推移確率行列と各状態の初期値，行列計算の繰り返しの回数を入力する。

(4) 各状態の数の変化の値（図表6－11では，省略），グラフが表示される。

このWebを使えば，容易にマルコフ連鎖の計算を行うことができ，また，パラメータ（状態推移確率行列など）を変化させたらどのように結果が変化するのかを分析することができる。また，グラフにより可視化されているので，直感的に把握できる。

図表6－12　作成した学習システムの一覧

手順学習型		
URL	http://www.isc.senshu-u.ac.jp/~thc0456/kisom.html	
	平均値・中央値の計算，構成割合を求める，」増減率の計算と平均の増減率	
	金利計算(3.1)	
体験シミュレーション型		
URL	http://www.isc.senshu-u.ac.jp/~thc0456/kisom.html	
	グラフ化：	1次関数，区分線型関数，2変数線型関数，2次関数，指数対数関数，汎用
	統計：	平均・分散・標準偏差・標準得点の計算，相関係数の計算・試行錯誤で1次関数のパラメータを
	集合等：	同値類，パレート最適
	関数：	直線のパラメータ，需要供給関数と均衡点（間接税の効果），2分検索(2.3.3)
	微積分：	微分の概念，積分の学習
	金利計算：	積み立て額を求める，ローンの支払額，複数のプロジェクトの現在価値，利子率
分析型		
URL	http://www.isc.senshu-u.ac.jp/~thc0456/kisom.html	
	統計：	移動平均，代表値とヒストグラム，相関係数と散布図，単回帰分析
	行列：	行列の積，逆行列，固有値，マルコフ連鎖（3.4.3
	指数関数：	指数，常用対数，幾何平均（携帯用）
http://www.isc.senshu-u.ac.jp/~thc0456/AHP/		
	AHP(Analytic Hierarchy Process): AHPの重要度の計算	
http://www.isc.senshu-u.ac.jp/~thc0456/fuzzyweb.html		
	ファジィ積分	ファジィ測度ショケ積分の計算，λファジィ測度ショケ積分，汎用ファジィ測度ファジィ積分の計算

3-5　作成した学習システムの一覧

図表6－12に作成した学習システムの一覧を示す。どのWebも利用制限をかけず，だれでも利用できるように設定してある。

ただし，3.3.2節のPHPプログラミン学習システムは，4-4で示すように，セキュリティを確保する必要があるので，一般には開放していない。

4　Webベースの学習システムの技術的側面

4-1　CGIシステム

開発したシステムは，図表6－13のようなCGI（Common Gateway Interface）を使って作成した。従って，クライアントに必要な機能は，インターネットへの接続機能とブラウザだけである。ブラウザも単純なHTML文の解釈の機能のみでよい。本システムでは，Java, Java Script, Flashやクッキーなど

図表6－13　CGIによるシステム

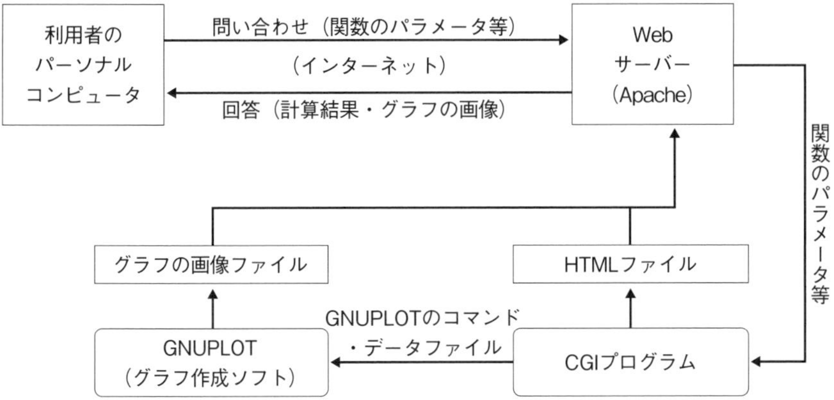

の機能は必要としない。現在，携帯電話などでは，画面の大きさなどの制約により，一部の本システムのWebは利用できない。

開発したシステムのうち初期のものはC言語により開発した。実行速度と既存のライブラリを利用できるからである。また，グラフの画像の作成は，GNUPLOTを利用した。最近では，Google Chart APIのURLを生成し，HTMLに組み込み，グラフをクラウドシステムから取得できる。

4-2　データの受け渡し

サーバー側では，データの保持は行っていない。しかし，3.2.3節で述べた2分検索では，問題の関数のパラメータ，過去の入力履歴などを保持していなくてはならない。そこで，HTMLの<input>タグの Hidden属性を使って，すべてHTMLに埋め込むことにした。

図表6－14は，図表6－4の（A）の段階でのクライアント側で実行されるHTML文の一部である。また図表6－15は，その説明図である。

(1) クライアント（学生側）でデータを入力し，サーバーに送付する。

(2) サーバー側は，受け取った入力値をHidden属性の<input>タグに含めて，クライアントに送り返す（図表6－14参照）。

(3) クライアント側は，新たに入力した値とHidden属性の値をサーバーに送

図表6-14 Hidden属性によるデータの受け渡しのHTML文

```
<FORM ACTION="km08.cgi" METHOD="POST">
                      途中略
追加するxの値（0より大）を指定してください<BR>     ← 追加するxの値
<INPUT TYPE="text" NAME="D09" SIZE="10"><BR>
<INPUT TYPE="hidden" NAME="D01" VALUE="P">     ┐
<INPUT TYPE="hidden" NAME="D02" VALUE="37">    ├ 番号を保持
<INPUT TYPE="hidden" NAME="D03" VALUE="98765432101234">
<INPUT TYPE="hidden" NAME="D04" VALUE="A">     ┘
<INPUT TYPE="hidden" NAME="D05" VALUE="0.85">  ┐ 関数のパラメータ
<INPUT TYPE="hidden" NAME="D06" VALUE="0.099"> ┘
<INPUT TYPE="hidden" NAME="D07" VALUE="4">     ← 4回目の入力
<INPUT TYPE="hidden" NAME="D11" VALUE="50">    ← 記号A の x の値
<INPUT TYPE="hidden" NAME="D12" VALUE="10">    ← 記号B の x の値
<INPUT TYPE="hidden" NAME="D13" VALUE="15">    ← 記号C の x の値
<INPUT TYPE="hidden" NAME="D20" VALUE="50">    ┐
<INPUT TYPE="hidden" NAME="D21" VALUE="10">    ├ xの入力履歴
<INPUT TYPE="hidden" NAME="D22" VALUE="15">    ┘
<INPUT TYPE="submit" VALUE="次の画面"><INPUTTYPE="reset" VALUE="取消"></FORM>
```

付する。

(4) サーバー側は，入力したデータとHidden属性の以前に入力したデータを受け取る。

図表6-15 Hidden属性を使ってのデータの保持

```
                    Hidden属性の値
 ┌─────────┐ ─────────────→  ┌─────────┐
 │         │     入力値         │ サーバー │
 │クライアント│                    │●入力値をHidden属性に追加│
 │ (学生側) │                    │●入力値のチェック│
 │         │     画面・グラフ    │●計算・グラフの作成│
 └─────────┘ ←─────────────    └─────────┘
                    Hidden属性の値
```

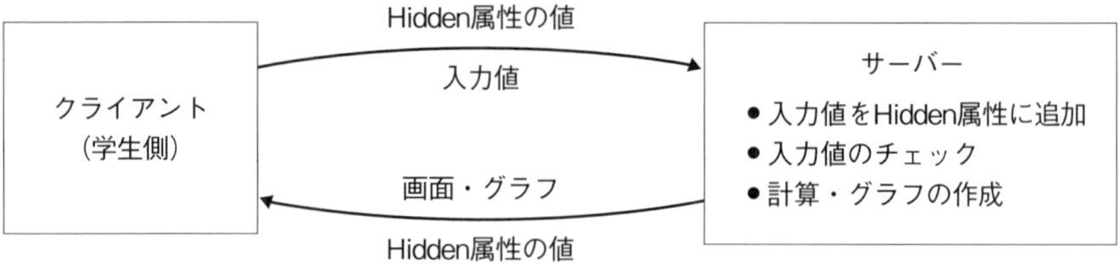

Hidden属性を使う方法は最近ではあまり使われない。多くのサイトでは，クッキーを使い，または，認証をしてクライアントを特定してセッションを維持する。しかし，クッキーや認証を使うには，システムの作成側の負担が大きい。また，認証を行うには，IDの管理に手間がかかり，さらに，データの保護などの管理も必要である。

Hidden属性を使えば，サーバー側の処理は，単純にクライアント側からのリクエストに対して，HTML文を送り返すだけある。データを保存する必要もない。データは，クライアント，サーバー側，どちらも保持しておらず，インターネット上を流れるHTML文に隠されている。

問題点として，データの保存ができないことがあげられる。分析の途中で，ブラウザを閉じれば，データは失われる。データの保存については，別途，入力値は表計算ソフトウエアに記入しておき，そこからコピーするようにし，出力値はPDFファイルにし，または，Web画面の一部を表計算ソフトウエアにコピーすることになる。

データは，Hidden属性で書かれているので，この値を書き直して実行することも可能である。この場合，正しく結果を送り返すことができない。しかし，正しくない応答で困るのはクライアント側である。

4-3　XMLベースのWeb教材開発システム

当初，システムは，C言語で開発した。様々なルーチンを共有し，開発の手間を省いたが，容易に作成できるとはいえない。

さらに，学生の間違いとそのメッセージの対応関係や画面表示のデータは，プログラムの中に組み込まれており，追加，修正，削除を簡単に行うことができない。

図表6－16　XMLベースのWeb教材開発システム

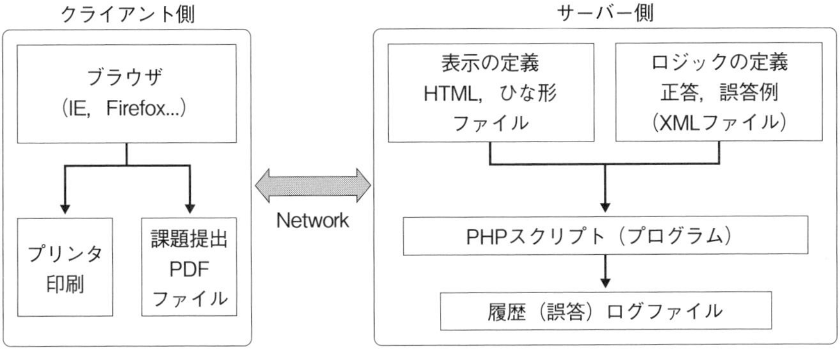

そこで，図表6－16のように，画面表示を定義するHTMLファイルを加工したものと教材のロジックを定義するXMLファイルで教材を記述し，それを解釈するPHPプログラムを開発した。

PHPスクリプト（プログラム）：本システムの中心となるソフトウエアであ

る。クライアント側からの要求に応じて，XMLファイルに従って判断し，HTMLひな形ファイルに沿って，クライアント側で表示するHTMLファイルを生成する。

XMLファイル：正答の計算式，誤答例とその誤答に対するメッセージ，どの変数の値を解答させるかなどを記載する。

HTMLひな形ファイル：画面出力のひな形ファイルを作成しておく。初期値や入力値により異なるので，PHPスクリプトの出力値がこのひな形のファイルの適当な場所に挿入されることになる。

履歴（誤答）ログファイル：必要に応じて誤答の履歴を保存しておくこができる。同じようなパターンの誤答を分析し，その誤答パターンに応じた助言を考え，XMLファイルに追加することができる。しかし，認証をしていないので，学生を識別することはできない。

図表6－17　金利計算（図表6－1）HTML雛形ファイル（CompoundN. txt）

```
<ul>
   <li> F(将来価値, n年後の元利合計)：$iF$</li>
   <li> P(現在価値, 元金)：$iP$</li>
   <li> r(利子率,0 &lt; r &lt;1, 1) ：$ir$</li>
   <li> n(期間, 1期間=1年のとき年数：n</li>
</ul>

<p>
<i>
   F = P * ( 1 + r )<sup><big>n</big></sup>  <br/>
   $dF$ = $dP$ * ( 1 + $dr$ )<sup><big>n</big></sup> <br/>
   (1+$r$)^n = $F$ / $P$<br/>
   $rp1$^n = $FP$<br/>
   n = log<sub>$rp1L$</sub>$FPL$ <br/>
   n =  log<sub>10</sub> $FPL10$ / log<sub>10</sub>$rp1L10$ <br/>
   n =  $FPL10V$ / $rp1L10V$ <br/>
   n = $En$<br/>
</i>
</p>
<br />
```

図表6－17は図表6－1の(1)～(6)の部分のHTMLで，画面の下方部分の表示になる。「$」マークで囲まれた部分が変数で，この部分に解答を入力したり，計算したりして，Webの学習を進めていく。図表6－18にXMLファイルを示す。

8行目：HTMLひな形ファイルを指定している。

14～56行目：<CalcQ>で，図表6－1の「(2) 問題の設定」を規定している。

図表6－18　金利計算(図表6－1)XMLファイル(一部の行のみ)

```
001:<?xml version="1.0" encoding="UTF-8"?>
003:<MultiM>
008:<MondaiFile>CompoundN.txt</MondaiFile>
014:<CalcQ Order="1" QTitle="Data_inp">
015:  <Submondai>F,P,rを入力してください</Submondai>
016:  <Ans DefaultTF="Correct">
017:    <AnsCol>iF</AnsCol>
018:    <CorrectAns>
019:      <AnsText CType="Range" RangeType="NM" ></AnsText>
020:    </CorrectAns>
021:    <InCorrectAns>
022:      <AnsText CType="Range" RangeType="LE" >0</AnsText>
023:      <Mes>将来価値 (元利合計)は正の値を入力します</Mes>
024:    </InCorrectAns>
025:    <DefaultMes>将来価値 (元利合計)を入力してください</DefaultMes>
026:  </Ans>
056:</CalcQ>
123:<CalcQ Order="4" QTitle="EF">
124:  <Submondai>対数を使った式に変形します．「_」は，添え字を表します．</Submondai>
125:  <Ans>
126:    <AnsCol>rp1L</AnsCol>
127:    <CorrectAns>
128:      <AnsText CType="Equation" >$rp1$</AnsText>
129:      <Mes>1番目:正解です</Mes>
130:    </CorrectAns>
131:    <DefaultMes>1番目:不正解:ヒント: a^b=c のとき，b = log_a c になります．</DefaultMes>
132:  </Ans>
141:</CalcQ>
166:<CalcQ Order="6" QTitle="FPL">
167:  <Submondai>関数電卓を使って，常用対数を計算してください．小数点以下4桁(5桁目を四捨五入)
      まで計算．関数電卓が手元にないときは，だいたいの数値を入れて，「答え合わせ」後表示される
      ヒントをみてください</Submondai>
169:  <Calc>
170:    <CalcCol>rp1L10VV</CalcCol>
171:    <CalcText CType="Equation">log10($rp1L10$)</CalcText>
172:  </Calc>
177:  <Ans>
178:    <AnsCol>FPL10V</AnsCol>
179:    <CorrectAns>
180:      <AnsText CType="Equation" Round="4">log10($FPL10$)</AnsText>
181:      <Mes>1番目:正解です</Mes>
182:    </CorrectAns>
183:    <DefaultMes>1番目:不正解:ヒント: log_10($FPL10$) = $FPL10VV$   </DefaultMes>
184:  </Ans>
194:</CalcQ>
208:</MultiM>
```

16～26行目：<AnsCol>のiFが，この問題の解答をする場所であることを示している。図表6－17の2行目のiFの部分が，入力欄に設定される。

18～20行目：<CorrectAns>の属性m RangeType = "NM"で数値入力に限定される。

21～24行目：<InCorrectAns>で，RangeType = "LE"で，0以下の場合，不

正解としている。同様に，iP, iRを規定している（省略）。

123～141行目：<CalcQ>で，図表6－1の「(3) 対数の式での表現」を規定している。図表6－17の14行目の対数の式を入力させる。

124行目：<Submondai>で，画面上方の問題文を示している。

125～132行目：<AnsCol>でrp1Lを入力欄にしている。<AnsText>で，正解は$rp1$としている。$rp1$は，前問題で設定した値である。

131行目：<DefaultMes>で，ヒントを表示している。

166～194行目: 図表6－1の「(5) 関数電卓を使って計算」を規定している。

169～172行目: rp1L10VVに$rp1L10$の常用対数を計算して代入しておく。

180行目: FPL10Vの正解は，log10（$FPL10$）であると規定している。Round = "4"で，小数点以下4桁で四捨五入した値としている。

183行目: 解答できなかったとき，ヒントとして，171行目で計算した常用対数の$ FPL10VV$の値を表示している。

4-4　PHPプログラミング学習システムのしくみ

図表6－19は，PHPプログラミング学習システムのしくみを示したものである。学生がサーバーから求められたプログラム関数の形（図表6－6参照）で作成し，アップロードすると，サーバーはPHPプログラム２に解答のプログラムを挿入する。サーバー側で学生が作成した関数を，XMLファイルで記述

図表6－19　PHPプログラミング学習システムのしくみ

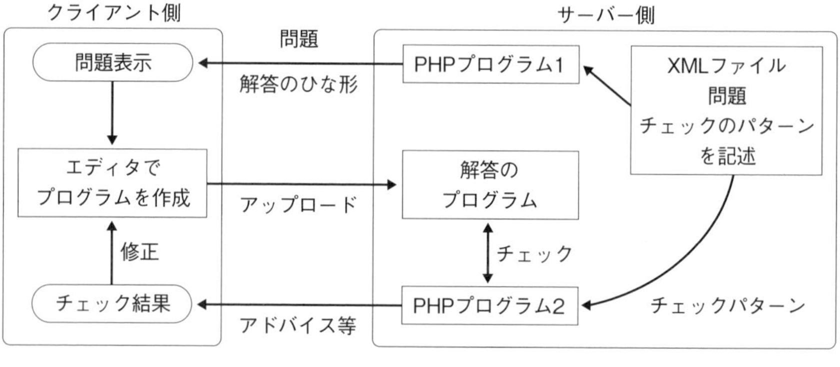

したパターンの初期値を引数として呼び出し，その出力値をパターンと照合し，必要なメッセージを返す。

このようなしくみであるので，実行には認証が必要である。サーバーで，プログラムを作成することのできるユーザアカウントが必要である。

または，（クラウドコンピューティングとはいえないが）サーバーをローカルの環境で動かす。この場合，XMLファイルのみインターネット上のサーバーから取得するようにすることも可能である。

図表6－20は，問題，ひな型，入出力関係を定義した部分である。

3～5行目：<mondai>で提示する問題を定義

6～11行目：<include>でひな型のプログラムを提示

12～18行目：<inputvs>でプログラムの入力変数，<outputvs>で出力変数を定義。

図表6－20　XMLファイルの入出力関係の定義

```
1:<?xml version="1.0" encoding="UTF-8"?>
2:<phplns>
3:<mondai>
4:1から$nまでの合計($sum)を求めなさい．ただし，$sumには，初期値に何が入っているかわか
  らないという前提で作成しなさい（プログラムの中で，$sumの初期値をきちんと設定しなさい）
5:</mondai>
6:<inicode>
7:for($i /* ここに$iを1からはじめて，$nまで繰り返すことを記述 */ ){
8:  phplns_debug($i,$sum); // これは，途中経過をチェック
9:  /* ここに繰り返しの作業を記述 */
10:}
11:</inicode>
12:<inputvs>
13:  <ipv>n</ipv>
14:</inputvs>
15:<outputvs>
16:  <opv>sum</opv>
17:  <opv>i</opv>
18:</outputvs>
```

図表6－21は，図表6－7の「1つめのチェック」を記述したものである。

21行目：$n = 10でチェックするように指定。

24行目：$sum = 55が正解であることを示している。

26～29行目：$sumが45で終了したときのメッセージを定義している。

46～50行目：プログラムの途中段階でのチェックをしている。図表6－6で，

phplns_debugが呼び出されたとき，1番目の変数（$i）が11になったとき（<vv vno = "1"　value = "11" />），48行目のメッセージを表示する。

図表6－21　チェック事項の定義（図表6－7のチェック1の記述，一部省略）

```
19:<check>
20:  <inputvalue>
21:    <vl vn="n" value="10" />
22:  </inputvalue>
23:  <correctoutput>
24:    <vl vn="sum" value="55" />
25:  </correctoutput>
26:  <incorrect>
27:    <vl vn="sum" value="45" />
28:    <mes>1から$nまでの計算です．最後の$nが$sumに含まれていないようです．
       終了条件の不等号をチェックしましょう.</mes>
29:  </incorrect>
30:  <incorrect>
31:    <vl vn="i" value="10" />
32:    <mes>forが9($n-1)までで終了しています(10になったら，forの中を実行せずに終了しました)．
       終了条件を確認しましょう．</mes>
33:  </incorrect>
46:  <chkprocess>
47:    <vv vno="1" value="11" />
48:    <mes>$iが$nを超えて，計算しているようです．for文の終了条件を調べてください．</mes>
49:  </chkprocess>
50:  <chkprocess>
51:    <vv vno="1" value="-1" />
52:    <mes>$iが-1になりました．for文の増分・開始・終了条件を調べてください．</mes>
53:  </chkprocess>
54:  <chkprocess>
55:    <vv vno="2" value="1000"/>
56:    <mes>$sumが1000になりました．$iが変化していない可能性があります．$iを毎回，1ずつ増やして
        いません．for()の括弧内の3つめを確認しましょう</mes>
57:  </chkprocess>
58:</check>
90:</phplns>
```

［注記］

1）URLは，http://www.stat.go.jp/data/getujidb/index.htm

［参考文献］

高萩栄一郎（2003）「WEBを使ったAHP」『専修大学商学研究所報』第34巻第8号，pp.7-16。

高萩栄一郎・高橋裕（2003）「講義と連動して使うWeb学習システム」『情報科学研究』第23巻第3号，専修大学情報科学研究所，pp.51-72 。

日経BP社出版局編（2009）『クラウド大全 ―サービス詳細から基盤技術まで』日経BP社。

第7章 オンライン型SCMゲームの開発と実践

はじめに

学生の学力が年々低下してきているといわれて久しい。果たして本当に学生の学力は低下してきているのだろうか。例年通りの授業を行っているのに，以前より著しく出来が良くないという現実に直面するのは，教員が学生の学力低下を実感する典型的場面であろう。うまく行っている例年通りの授業が今後もうまく行く保証はまったくない。それは，毎年入学してくる学生たちが育ってきた社会環境，教育環境，あるいは生活環境といった社会的文脈が著しく変化し，入学生たちが獲得してくる知識やスキルもまた年々変化するからである。

このような急激な環境変化をもたらしているものは，いうまでもなく情報技術（IT）の社会への浸透である。ITの浸透は従来社会とは異なる思考様式，行動様式を出現させてきた。レストランで注文した料理を前に，携帯電話でその写真を撮り，自分のブログにアップロードするといった行動は，ITの浸透した社会の上に構築された，ブログで繋がるある種の人間ネットワークにおける関係維持の行為として解釈されるかもしれない。このようにわれわれは，急激に変化を遂げる環境の中にあって，絶えず新たな体験をする状況にある。従って，大学教員もまた，年々変化する学生たちに合わせた効果的な教育方法の探求を怠ってはならない。

社会環境が変化すれば，それに合わせて高等教育における教育ニーズも変化する。高等教育にある教員は，社会的要請を認識し，国家レベルないしは，大学レベルでの教育戦略に基づき教育目的を定め，教育対象としての学生の多様なバックグラウンドを把握して，学習目標と教育方法を適切に設定する必要があろう。従来，経営学教育手法の多くは講義の形式をとっていた。ビジネスインテリジェンスを兼ね備えたビジネスパーソンを育成するためには，自ら問題を発見する能力，適切な理論と技術を用いてそれを定式化し分析する問題解決能力，ディスカッションやコミュニケーション能力などを高める必要があるが，これらを講義形式のみで教育するには限界がある。近年，このような現状を解決するために，ケースメソッドやゲーミングといった能動的かつ対話的な教育手法が徐々に用いられるようになってきた。

筆者は，横浜国立大学経営学部において10年来，経営情報論及び情報システムに関連する授業を担当してきたが，上述したような背景から2003年以降，授業にゲーミングを積極的に取り入れるようになってきた。本章では，ITを活用した体験型経営学教育の実践事例としてビールゲームを取り上げ，その実装と実施について紹介する。まず，ビールゲームの概要を説明し，次にオンライン型ビジネスゲーム開発実行システムYBGについて紹介する。YBGにおけるビールゲームの実装について述べ，いくつかの実施事例を紹介したのち，最後にオンライン型ビジネスゲームとしてのビールゲームの特徴，及び利点と欠点を考察する。

1 ビールゲーム

ビールゲーム（The Beer Distribution Game，The Beer Game）は，生産流通システムにおけるシステムダイナミックスを学ぶためのゲーミング・シミュレーション（gaming simulation）である。ゲーミング・シミュレーションとは，与えられた文脈において人間がプレイヤーとして意思決定を行いながらシミュレーションを進行させるというタイプのシミュレーションのことを指す[1)]。ビールゲームがいつ開発されたかは，文献により年代に多少のずれがあるものの，John Sterman（1992）によれば，ビールゲームは1960年代初期にMITスローン・スクールのシステムダイナミックスグループによって，Jay Forrester教授の研究の一部として開発されたとのことである。ゲームのもともとの目的は，システム構造が人間行動に与える影響[2)]を研究するものであったが，ゲーム自体は，サプライチェーンマネジメントの難しさ，サプライチェーンにおける情報共有の利点などを例示するための教育ツールとして現在でも広く利用されている。オリジナルのビールゲームは，いわゆるボードゲームであったが，現在ではネットワーク版がいくつか開発されている。本章では，後半でビジネスゲーム開発実行システムYBGにおけるネットワーク版の実装例を紹介する。

ビールゲームの設定やルールについて説明しよう[3)]。まずこのゲームは，50期にわたる団体（チーム）戦である。ゲームにおける各チームの目的は，自社製品（ビール）のサプライチェーンの最適化であり，最終期までのサプライチェーン全体の製品在庫総費用が最小であるチームが勝者となる。サプライチェーンは，それぞれ「小売（retailer）」，「卸売（wholesaler）」，「流通商社（distributor）」，「工場（factory）」の４つの工程から構成され（図表７－１），各工程は１名以上のプレイヤーによって担当される。従って，１チームは最低でも４名が必要となる（図表７－２）。なお，卸売は二次卸，流通商社は一次卸と表現される場合もある。本章でも一部これらの表現を使っている。

製品は工場で生産され，流通商社，卸売，小売を経て顧客へと届けられる。逆に，注文は顧客から小売，卸売，流通商社，工場へと伝えられる。プレイヤーが行うことは，自分の担当する工程での製品必要数（ケース数）を決め，上流工程に発注することである。なお，工場に関しては，上流は存在しないので，「発注」は製品の「生産要請」に読み替える。従って，このゲームにおける意

図表７－１　ビールゲーム盤の主要構成要素

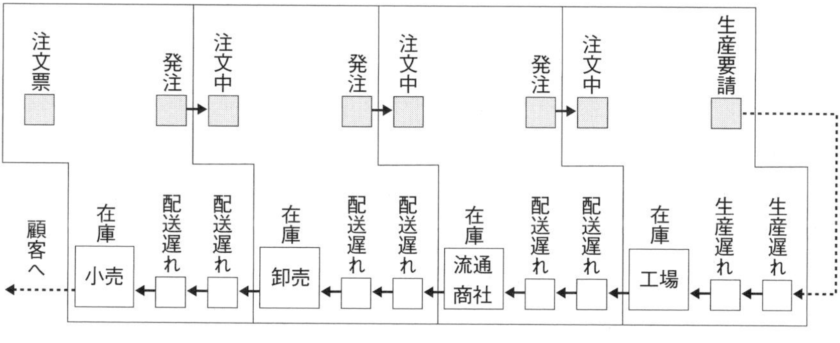

図表7－2　ビールゲームの実施風景（2002年6月22日専修大学にて撮影）

思決定変数は，各工程における「発注数」（ケース数）ただ１つである。

在庫費用は，１つの工程に対して，１期につき１ケースあたり0.5ドルである。もし受注に対して在庫が足りずに出荷できなかった場合は，出荷できない分を受注残として記録し，製品が出荷できる状態になった時点で出荷できるだけの数を出荷しなければならない。受注残費用は，１期につき１ケースあたり１ドルである。これも広義の在庫費用とみなされる。t 期における小売（R），卸売（W），流通商社（D），工場（F）の期末の在庫数と受注残数をそれぞれ $S_i(t)$，$B_i(t)$（$i \in \{R, W, D, F\}$）とおき，在庫と受注残の単位費用をそれぞれ α，β とおくと，チームの在庫総費用 C は，$C = \sum_{t=1}^{T} \sum_{i \in \{R, W, D, F\}} (\alpha S_i(t) + \beta B_i(t))$ で算出される。T は通常50に設定されるが，実際のゲームではそれよりも小さい場合もありうる。

工場における生産やその他の工程への配送には遅延があり，原材料から製品となって工場の在庫となるまでには２期かかり，また上流工程から出庫された製品が入庫するまでに２期かかる。同様に，注文が上流に届けられるのにも２期の遅延がある。ただし，工場だけは生産要請から生産開始までの遅延は１期のみである。

顧客注文と各工程から出される注文は，カードに書かれて伝達されるが，通常は裏返しになっており，自分のところに来る情報以外は見ることができない。

一方，他の工程の在庫数や配送遅れ（生産遅れ）にある製品ケース数は，見ようと思えば眺めることができる。というのは，製品を表すのにコマ（コイン）を利用するからである。各サプライチェーンにおいて，顧客注文は「注文票」として最大期間の50期分が事前に決められている。従って，ゲーム中のプレイヤーの意思決定には依存しない。

このゲームの中で，プレイヤーが守るべき最も重要なルールは，ゲーム中，工程間のコミュニケーションを取ってはならないことである。工程を担当するプレイヤーが複数いる場合には，その間のコミュニケーションは許されるが，例えば卸売を担当するプレイヤーと流通商社を担当するプレイヤーが顧客需要に関する相談をするようなことは許されない。当該期までの顧客需要の履歴は，小売のみが知ることになるが，この情報はいわばゲームにおけるトップシークレットであり，他の工程に知られてはならない。

このコミュニケーションをとってはならないという制約は，ゲームの実施形態に応じて解釈される。最も厳格なものは，ゲーム中に声を出してはならないというものである。この場合，同じ工程内にいるプレイヤーは筆談を行うことになる。一方，ゲームを携帯電話や情報端末を使って行い，自分の上流あるいは下流工程がどこに位置するかすぐにわからないような形態で実施する場合は，声を出すことは認めるが，自分の工程以外のプレイヤーには一切コミュニケーションをとってはならないというルールでもゲームは実施可能である[4)]。

2　ビジネスゲーム開発実行システムYBG

横浜国立大学経営学部の白井宏明と筆者は，ビジネスゲームを容易に開発し実行することができるYBG（Yokohama Business Game）を2001年より研究開発し，国内の高等教育機関を中心にその利用環境を提供している。YBGは，筑波大学大学院経営システム科学専攻（当時）の久野靖らが開発した，gg7（Game Generator version 7）と呼ばれるPerlスクリプトをその前身としている。gg7は，BMDL（Business Model Description Language）と呼ばれるゲーム記述のために設計された特別の言語によって書かれたゲームの設計書を読み

図表7－3　BMDLの主要構成要素（左）と対応する生成画面例（右）

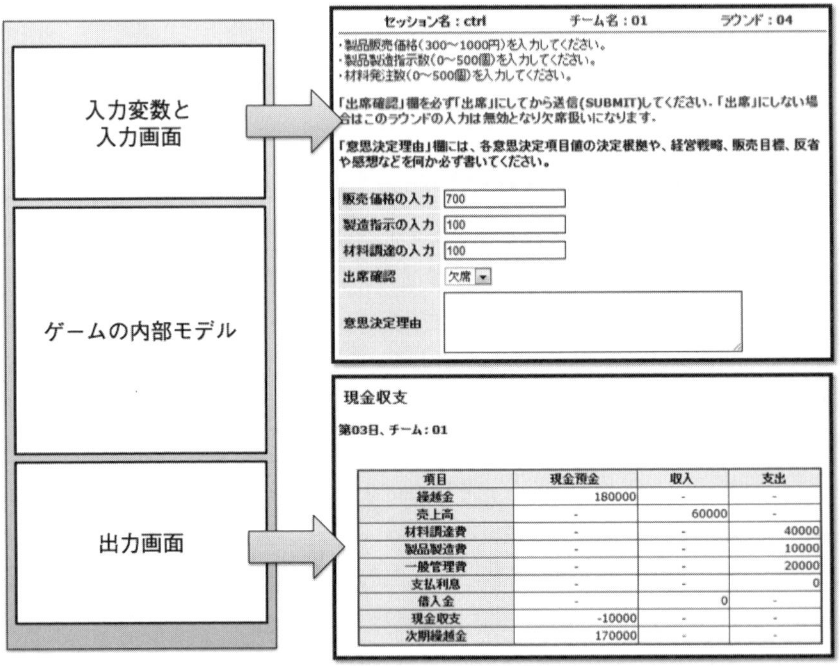

込んで，ウェブからアクセスできるゲーム実行環境を動的に生成するジェネレータプログラムである。YBGは，gg7にいくつかのモジュールを追加し，ゲーム開発環境と運用管理の側面を強化したウェブインターフェースのゲーム開発実行システムである[5)]。標準的ウェブブラウザからゲームの開発と実行が行えるという特質は，ゲーム利用機会を大幅に増大させただけではなく，同時にゲーム開発者をも増加させた。結果，教材として利用可能なゲームも多数つくり出された。また，ゲーム開発の容易性は，ゲーム開発プロセスを通じてビジネス構造を深く理解させるという新たな教育手法をも生み出している。

現行のBMDLは，YBGのバージョンアップと共に仕様も拡張されているが，基本的には，(1) ゲームのラウンド数やプレイヤー数などの一般項目を設定するセクション，(2) プレイヤーがゲーム意思決定項目を入力するための変数と画面構成を定義するためのセクション，(3) ゲーム内部で使われる変数と変数間の関係を規定するためのセクション，及び (4) すべてのプレイヤーが意思決定を行い，次のラウンドに進行する際に，プレイヤーやゲーム進行役（コントローラ）にフィードバックするための出力項目を定義するセクションに分かれる（図表7－3）。

YBGが前提とするゲームの基本的な考え方は，1つ以上の仮想的市場において，互いに対等な役割をもつ複数のプレイヤーが同一のビジネスで競うというものである[6)]。従って，ゲームの設計はチームそれぞれの処理を記述する代わりに，チームに共通な処理と市場における需要などの分配メカニズムを定義するのみでよく，簡潔な記述が可能となる。

3　YBGによるビールゲームの実装

2004年の冬，ビジネススクールでビールゲームを実施するのでオンライン版の利用ができないかとの相談が同僚からあり，筆者は4プレイヤー向け（1サプライチェーン）用のYBGビールゲームのプロトタイプを作成した。その後，自分の担当する授業やゼミで利用するために約1年をかけて改良を施し，100人以上の同時利用に耐えるバージョンを実装した。本節ではこの実装の概略について説明する。

上述したように，YBGでは基本的にプレイヤーは市場において対等な立場におかれる。ビールゲームでは，チーム内で小売，卸売，流通商社，工場のように異なる役割のプレイヤーが存在し，そのようなチーム同士が在庫総費用の最小化をかけて競うという設定になっているため，このままの設定ではYBGでは実装することはできない。しかし各工程を見ると，名称が異なるもののプレイヤーに与えられる情報と意思決定変数は同一の構造を有している（図表7－1）ため，各工程を1つのチームとしてみなすことで，YBGで実装することが可能となる。YBGではチーム（意思決定主体）をTeam 01，Team 02，…のように番号をつけて管理する。このため，ビールゲームを実装するにあたっては，チームを4つごとにグループ化し，同一のサプライチェーンにあるとみなし，チーム番号を4で割ったときの余りによって，サプライチェーンにおける各工程を識別させるというテクニックを用いることができる。例えば

Team 05, Team 06, Team 07, Team 08はサプライチェーン２（SC2）にあるものとし，それぞれ小売，卸売，流通商社，工場とみなすのである（図表７－４）。

図表７－４　YBG（Version 1.0）によるビールゲーム入力画面

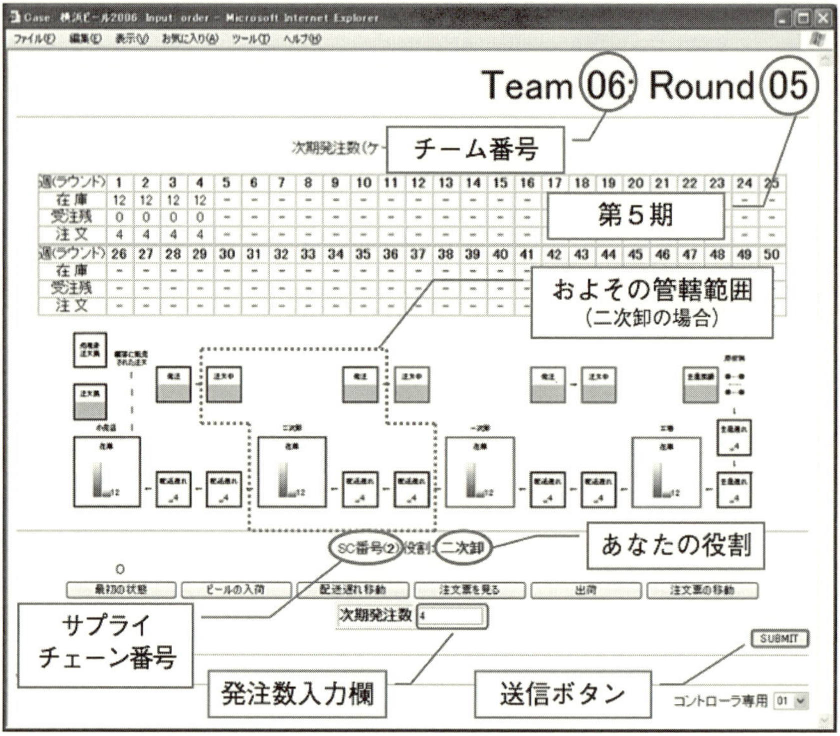

入力画面は，通常のビジネスゲームのものと比較してやや凝ったつくりになっている。ビールゲームでは，１つのラウンド（期）でプレイヤーが行う作業がいくつかのステップに分解されている。オリジナルではそれらのステップは，(1)「配送遅れ」のコマを左に1つ進める。(2)「注文中」(小売の場合は「注文票」)に伏せてあるカードを開き，そこに書かれた分を配送する。(3) 在庫数と受注残数を記録シートに記録する。(4)「発注」にあるカードを「注文中」に進める。ただし，工場では，「生産要請」に置いてあるカードを開き，その数だけのコマを「生産遅れ」に置く。(5) 注文数を決定し，記録シートに記録する。また注文数を記入したカードを「発注」に置く。というものである。

この作業は，ボードを用いて行う場合，視覚的にもゲームの状態がわかりやすく，さらに10回も同じ作業を繰り返せば体が覚えて，意識しなくてもできるようになる。従って，作業手順に対する詳しい事前説明抜きに，ゲームをやりながら説明しても良い。しかし，オンライン版の場合は体を動かす作業はせいぜいマウスのクリック程度である。ゲーム状態をコンピュータ画面から現実感を伴って理解させ，そして的確な操作を行わせるためには，画面上に表示される情報の意味を把握させ，各ラウンドに行う作業手順のイメージを十分に持たせることが不可欠である。そのため，本実装ではビールゲーム盤の下に，1ラウンド中の部分的な状態遷移を表示させるためのボタンを配置している。

このボタンは，一番左（「最初の状態」）から順に右に向かってクリックする。クリックする度に状態が遷移し，ビールゲーム盤上の情報が書き換わる仕組みとなっている。ボート版とは違って，同一ラウンド内であれば，状態を戻すことも，スキップすることも何度でもできる。これらの動作は，ゲーム入力画面の定義部分（図表７－３左）に，インラインでJavaScriptによるプログラムを記述して実現している[7)]。

4　携帯電話を活用したビールゲーム

筆者は，2003年度より経営学部の入学生を対象に経営学学習のモチベーションを高めること，及びITツールを活用した集団意思決定やコラボレーションスキルを高めることを目的とした授業（半期）を担当している。その中で，システムダイナミックスの概念を説明するためにビールゲームを取り上げている。2003～2005年度までは，講義室の机の大きさに合わせて自作したビールゲーム盤を利用してゲームを実施していた（図表７－５）。筆者の講義記録によると2004年度は144人（36サプライチェーン），2005年度は400名（100サプライチェーン）もの受講生がビールゲームに参加している。ボードを使ってのゲームはその準備が大変であり，学生数が多くなるとゲームの進行も思ったようにはかどらないなどの課題を抱えていた。

図表7－5 自作ビールゲーム盤を使って行われた授業（2004年6月18日撮影）

YBG版ビールゲームは，2005年1月下旬には図表7－4と同様な画面のものがビジネススクールで利用されている。しかし，このバージョンはパソコンの利用を前提としたものであったため，100人を超える学生が受講する授業でYBG版ビールゲームを利用するには，それだけの人数が収容できるパソコン教室が必要となる。残念ながら筆者の大学にはそのような環境はなかったため，パソコンの代わりに携帯電話を活用できないか検討を行った。

事前に受講生が携帯電話を所有していることと，利用する講義室で携帯電話が利用可能であることを確認した上で，ビールゲーム盤の情報を携帯電話の入力画面上にテキストで表示するようにしてゲームを実施するよう授業を設計した。結果，携帯電話に搭載されるウェブブラウザからYBGにアクセスさせる方法で100人の学生を同時にゲームに参加させることができた。授業時間中に携帯電話の電源がなくなる可能性や，接続ができない機種が存在する可能性を考慮して，通常1人で担う役割を2，3人で当たらせ，1サプライチェーンあたり10人，全体で10個のサプライチェーンでゲームを実施した（図表7－6）。

2006年度は，シナリオの説明を終え，携帯によるアクセスを確認するまでに

図表７－６　携帯電話を利用したビールゲーム（左）と携帯画面（イメージ）

Team 01; Round 12

次期発注数(ケース数)を入力してください
期首:[*_]4,4[12]4,4[12]4,4[12]4,4
入 荷 :[*4]4,-[16]4,-[16]4,-[16]4,-
受注: 8
出荷:[*_]4,4[12]4,4[12]4,4[12]4,4
[SC: 1] [小売(R)]
期首: 在庫数＝0, 受注残＝16
期末: 在庫数＝0, 受注残＝20
次期発注数 [　24　]
送信

30分以上を費やしてしまったため，ゲームは16ラウンドまでしか進行させることができず，残念ながらビールゲームのもつシステムの動力学的特性を学生に十分に体験させることはできなかった。

当時の携帯電話では，在庫や受注残，及び発注数の履歴を十分に表示させることは難しかったため，実際のゲームでは，ボード版で使う記録シート（紙）を併用した。ビールゲームにおける小売や卸売などの各工程は２，３人で担当しているため，記録シートへの記入，携帯電話の操作などは分担でき，また瞬時にこれまでの状態を把握することが可能であるからである。このような携帯電話の利用方法は，携帯電話を必要最低限の情報提示と意思決定の入力装置として利用するというものであるが，一方でプレイヤーの物理的位置は比較的自由度が高まる。そのことを逆手に取って，隣の席のグループの状況を気にすることなく与えられた自分たちの意思決定に集中できるよう，1つのサプライチェーンを構成する各工程を担当するプレイヤーたちが，教室内のどこにいるかはわからないように配置した。

学生からは，携帯を用いることの斬新さや，ゲーム自体のおもしろさなどについてコメントが寄せられたが，一方で携帯版のゲーム画面の見にくさ，ゲーム構造の理解しにくさなどを指摘する学生もおり，これらについてはその後改善を行った。2007年度では，ゲーム構造の事前理解を高めるために，事前理解度テスト（図表７－７）を受けさせ，自己チェックできるように改良し，携帯画面の見方やアクセス先QRコードを紙で配布するなどして，時間を効率的に使い，１サプライチェーンあたり約12名の８サプライチェーンでゲームを実施し，27ラウンドまで実施することができた。十分なラウンド数ではないものの，初回に比べて大幅に改善したといえる。ラウンド数が十分に進まないことは，事前に想定できる事態であったため，それを補完するために，エクセルを用いたビールゲームシミュレータを作成し学生に分析を行わせた。次節ではそのシミュレータについて説明する。

図表7－7　ビールゲーム事前理解度テスト

ビールゲーム事前理解度テスト

問1．現在あなたの倉庫に15ケースのビールの在庫がある．翌期に入荷予定のビールは10ケース，また翌々期に入荷予定のビールは8ケースであることが分かっている．以下の問いに答えよ．

（1）次の期になったとする．入荷後の在庫数は［①］である．

（2）受注票を見たところ，20ケース受注していた．その期は，［②］ケース発送しなければならない．また，発送後の在庫数は［③］である．

問2．現在あなたの倉庫に10ケースのビールの在庫がある．翌期に入荷予定のビールは5ケース，また翌々期に入荷予定のビールは8ケースであることが分かっている．以下の問いに答えよ．

（1）次の期になった．入荷後の在庫数は［④］である．

（2）受注票を見たところ，20ケース受注していた．その期は，［⑤］ケース発送しなければならない．また，発送後の在庫数は［⑥］ケースであり，受注残は［⑦］ケースである．
（注：受注残とは，発送しなければならないのに，発送できなかった数を言う．）

問3．現在あなたの倉庫に在庫はなく，受注残が10ケースある．翌期に入荷予定のビールは15ケース，また翌々期に入荷予定のビールは18ケースであることが分かっている．以下の問いに答えよ．

（1）次の期になった．入荷後の在庫数は［⑧］である．

（2）受注票を見たところ，10ケース受注していた．その期は，［⑨］ケース発送しなければならない．また，発送後の在庫数は［⑩］ケースであり，受注残は［⑪］ケースである．

（3）発送後，あなたは必要数量を業者に注文した．そして，翌々期に入荷するビールが10ケースであることを知った．さらに，次の期になった．入荷後の在庫数は［⑫］ケースである．

（4）受注票を見たところ，10ケース受注していた．その期は，［⑬］ケース発送しなければならない．また，発送後の在庫数は［⑭］ケースであり，受注残は［⑮］ケースである．

5 エクセルによるビールゲームシミュレータ

パソコン用に開発されたYBGビールゲームでは，少人数であれば1ラウンド1分以内で進行することが可能である。図表7－8は，2005年に筑波大学で行われたビールゲームの意思決定時間とラウンド遷移時間を示したものであるが，このときのデータでは，平均ラウンド進行時間は57秒であった。なお，ゲームの時間配分等の実施記録は図表7－9に示してある。ゲームの実施を1時間以内とすることができても，ゲームの説明（ブリーフィング）からゲームの振り返り学習（デブリーフィング）終了まで入れると135分かかっている。このため90分の通常の授業でビールゲームを行うには，ブリーフィングや理解度テストなどをゲーム実施の前回に行い，ゲーム実施に授業1回を費やす必要がある。デブリーフィングには30分以上は必要であるので，ゲーム実施と同日にそれを行うのは時間不足になる可能性がある。逆にゲームの実施とデブ

図表7－8　各プレイヤーの意思決定時間とラウンド進行時間

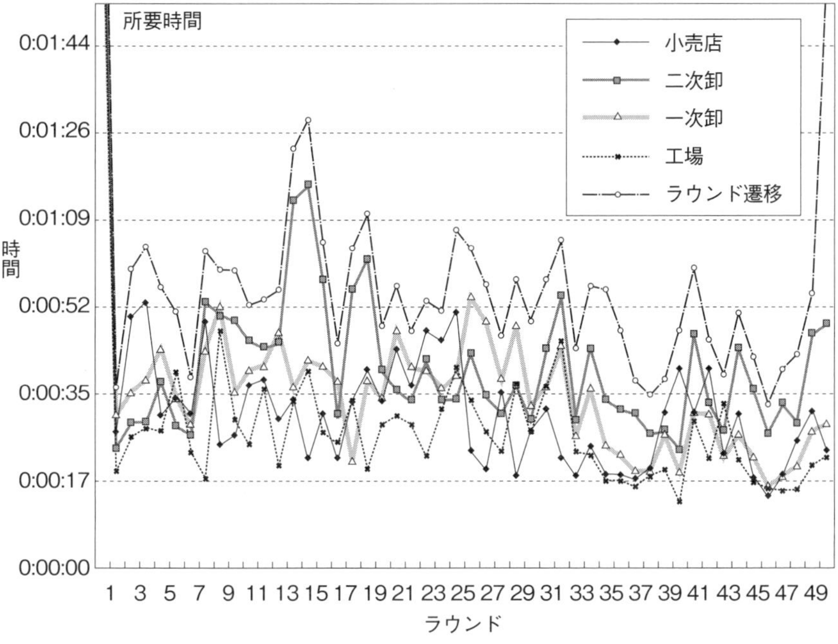

リーフィングの間を１週間空けてしまうのでは，実施時の記憶や感動が薄れてしまい，十分な教育効果を出すことができなくなる。筆者は，これらの問題を解決するために，ゲーム実施後には簡単でもよいからそのときの気持ちや記憶を書き残すことができるような時間を取って振り返りをさせ，その翌週には，より詳細なデータを提示してさらに詳しく分析させるという方法を採択している。

図表７－９　筑波大学でのビールゲーム実施

実施日	2005年12月５日
場　所	筑波大学
参加者	佐藤亮研究室学部４年生４名
ゲーム	ビールゲーム YBG1.0版（日本語）
時　間	
・ブリーフィング	14：00～14：45
・テスト入力	14：45～14：55
・ゲーム実施（50ラウンド）	14：56～15：43
・データ分析	15：45～15：55
・デブリーフィング	15：55～16：15

さらに，ビールゲームの解説までを一通り終わったあとで，実施データが埋め込まれた分析用のエクセルファイルを配布して，もし別の意思決定を行っていたらどういう結果になっていたか，他のサプライチェーンと比較してどのような類似点や相違点があるか。なぜ，ゲーム実施中はそのような意思決定を行ってしまったのか。顧客需要が別の変動をしていたらどうなっていたかなどを分析させるレポート課題を課している。図表７－10は，学生に配布した実際のエクセルワークシートの抜粋である。

このエクセルファイルには，実施データが入力されているワークシートと分析のためのワークシートの２種類が含まれている。いずれのワークシートも意思決定変数である発注数・製造数の列にデータを入れると自動的に次期の期首の状態を計算する式が埋め込まれており，さらにそれに応じてグラフが描画されるようになっている。

学生は，このワークシートを使ってWhat-if分析を行うわけだが，４つの工程の意思決定を１期から50期にわたって入力しなければならないため，各工

図表7－10　エクセルによるビールゲームシミュレータ

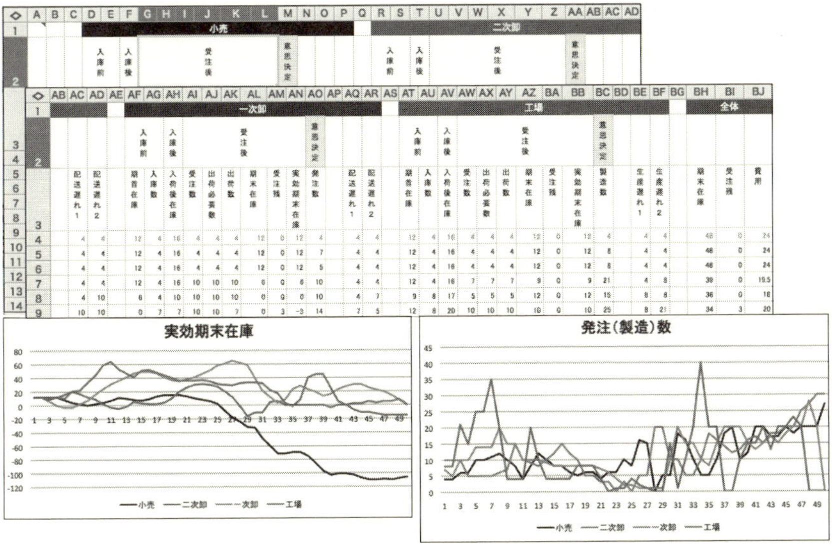

程の意思決定をモデル化し，入力を自動化するという作業を行う必要が生じる。すなわち，各工程の意思決定を行うエージェントを設計するのである。最適なやり方を探索する前に，実際の結果と同じようになるエージェントを実装し，その上で，個別の工程が意思決定戦略を変化させたときどうなるかを見る必要がある。しかし，実際のゲーム結果を「それらしく」エージェントによって実現することは，言い換えればゲームに参加する人間の実際の意思決定プロセスを分析することに他ならない。実際，在庫管理理論でいわれる発注点方式や定期発注方式をエージェントにそのまま搭載しても実際のゲーム結果と同じようにはならない。人間らしいエージェントの探求自体，人間の心理的要素を分析するという意味で非常に難しい問題であるが，この分析プロセスを通じてサプライチェーンに潜む根源的なシステム構造と人間心理との関係性に迫ることができるかもしれない。

ちなみに，筆者が試行錯誤的に分析したところでは，以下のようなやり方で，人間に似たような結果を得ることができた。まず，t期に予測する次期需要を

$$予測需要(t) = \mathrm{int}((受注数(t-2)\times 1 + 受注数(t-1)\times 2 + 受注数(t)\times 3)/6)$$

とする。ただしint( )は引数に対して整数部分を返す関数である。この予測は，直近の受注数ほど次期需要に影響を与えるという仮定をモデル化したものである。比率は1：2：3としてあるが，これらの数値は単なる重みであり，数値自身に特段の意味はない。次にt期時点における次期の最適在庫水準を

$$最適在庫水準(t)=最適在庫水準(t-1)+int((予測需要(t)-予測需要(t-1))/2)$$

とする。この式は，最適在庫水準を２期の予測需要の差で修正するものである。最後の項が２で割られているのは，需要予測差の最適在庫水準への影響度を50%と見積もっているという意味である。その上で，発注数を図表７－11のように決定する。

図表7－11　エージェントの設計例

```
if (期末在庫(t) > 0) {
        if (最適在庫水準(t) > 期末在庫(t)) {
                発注数(t) = 最適在庫水準(t) − 期末在庫(t) + 受注数(t)
        } else {
                発注数(t) = 受注数(t)
        }
} else {
        発注数(t) = int (受注数(t) + 受注残(t) / 2)
}
```

このルールの意味を説明しよう。まず期末在庫(t)＞0であることは，受注残が発生していないことを意味している。このとき，最適在庫水準よりも期末在庫が大きい場合は，目的在庫に足りない分，すなわち（最適在庫水準－期末在庫）に，当該期に受注した数を加えて発注する。もしそうでない場合は，十分に在庫はあるものとして，受注数を発注する。一方，期末在庫がない場合，すなわち受注残が発生している場合は，受注数と受注残の半分を足したものを発注する。ここで受注残を２で割っているのは，発注数は当該期の受注数に影響を受けやすく，過去の不足分の意味を含んでいる受注残数の必要数は過小評価されるということをモデル化したものである。

上述したルールを実装したエージェントを小売，流通商社，工場に配置し，卸売（二次卸）を人間が担当して行われたゲームの結果が図表7－12，及び7－13である。このデータは，2009年度の授業で約100名の受講者と共に入力したものである。実は，この年に使用した教室は，携帯電話の電波状況があまり良くなかったため，携帯電話を利用したビールゲームは断念せざるを得なかった。代わりに，エージェントを組み込んだエクセル版ビールゲームシミュレータの画面を教室前面のスクリーンにプロジェクタで投影し，その画面を受講者全員で共有する形でゲームを進めた。意思決定画面には，卸売の担当に必要な要素のみ表示し，さらにYBG版ビールゲームと同様の状態遷移ボタンを配置した（図表7－14）。ボタンのクリックや入力といったイベントに応じてエクセルVBAで書かれたスクリプトが起動する仕組みになっている。

図表7－12　エージェントと人間によるビールゲーム実施結果（在庫数）

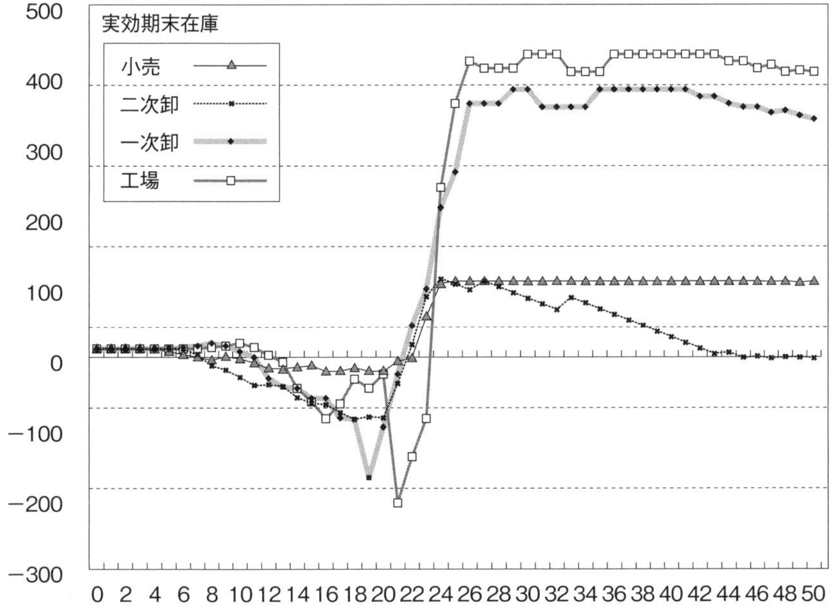

図表7−13　エージェントと人間によるビールゲーム実施結果（発注数）

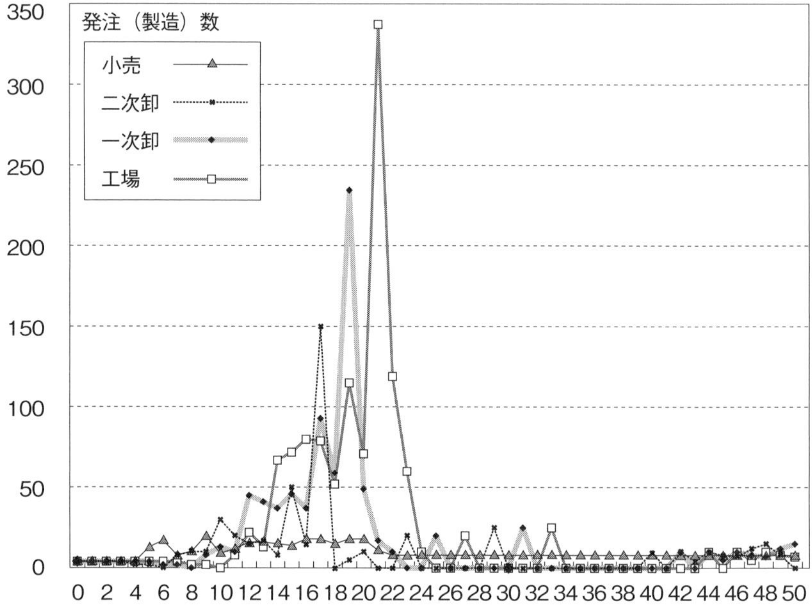

図表7−14　エクセルVBAを用いたビールゲームシミュレータ

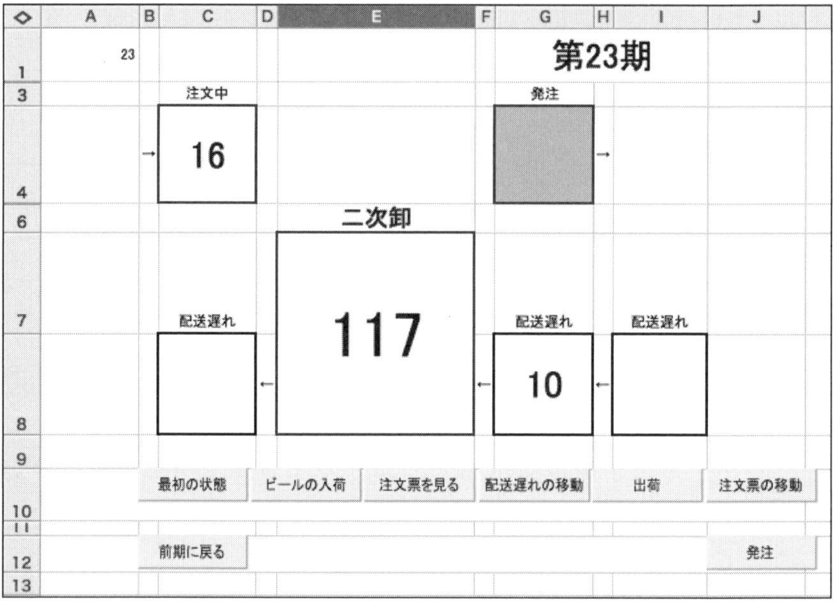

6 オンライン版ビールゲームの実施結果とその分析

携帯電話やパソコンを使ったビールゲームを数多く実施してきて感じることは，プレイヤーの意思決定，すなわち発注数や生産要請の数が，ボード版と比較して大きくなる傾向にあるということである。図表7－15は，極端な例である[8)]。この例では，流通商社の在庫数は4000を超え，また工場の生産要請と卸売の発注数は1000という期もあった。1000という入力数は，実はシステムに設定した入力の上限値で，もし上限値を10000などに設定していたら，もっと多くの発注数（生産要請）が入力されていたかも知れない。このような極端な例は，決して珍しいものではない。もしこれがボード版であったら，状況は悲惨である。それは，自分の目の前に4000を越すコマ（コイン）が在庫としておかれることを想像してみればすぐにわかる。

なぜこのような事が起こるのだろうか。考えられる1つの要因は，オンライン版における意思決定プロセスにかかる労力（身体的コスト）と意思決定の結果として発生する労力が，ボード版のそれよりも極めて小さいからというものである。ボード版のゲームにおいて，発注数を計算するためには，入庫数を数え入庫後の在庫（受注残）を計算し，受注カードを開いて出荷数を計算し，必要数を出荷すると共に，記録カードに出荷後の在庫（受注残）を書くという一連の動作を伴う。入庫数や出荷数が多くなれば，その分数えるときの労力も増える。入庫数が多くなるのは，自分自身が過去に大きな数の発注を行った結果である。しかし，それを引き起こしているのは，下流からの注文である。下流からの大量注文が，結果として大量出荷を招いている。ところが，このことは，自身の意思決定が上流に対して大量の注文を引き起こさせているという仕組みと同じである。すなわち，「発注数を増やせば労力も増大する」という単純な正のフィードバックの構造が，文字通りのゲームの「体験」を通じて暗黙知として獲得されるのではないだろうか。一方YBGを含めた多くのオンライン版では，この「体験」はできない。発注数の増大は，労力の要因抜きに，受注数や受注残など，とにかく出荷しなければならないという短期的目的を達成しなければならないという心理的プレッシャーから引き起こされると考えられる。

図表7－15　あるYBGビールゲームの極端な実施結果

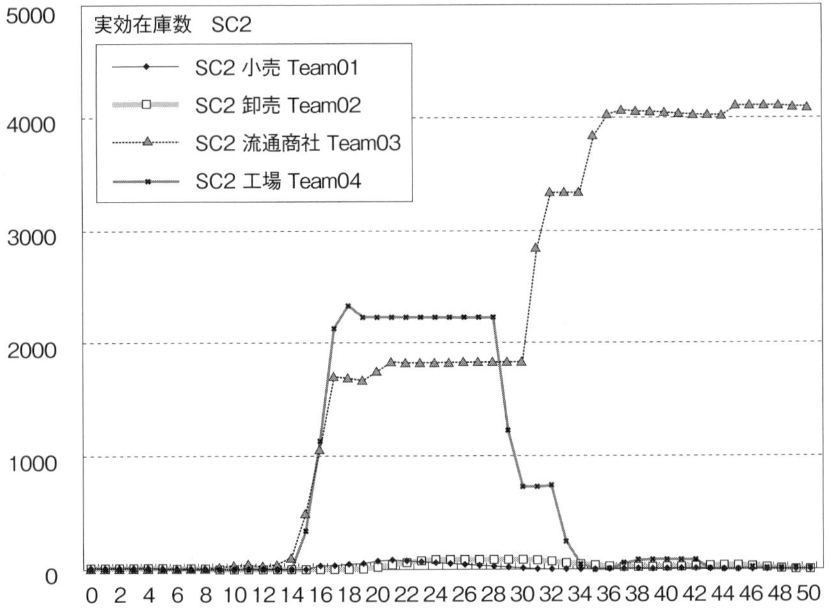

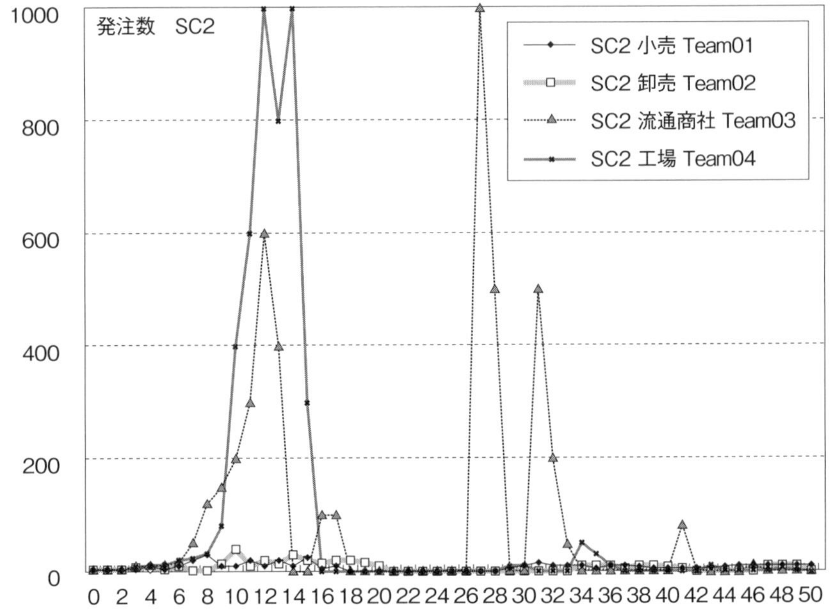

それでは，どの要因がプレイヤーの意思決定に大きく影響するのであろうか。それを見るために，上で紹介した2007年の携帯電話利用によるビールゲームの実データを使って，ビールゲーム盤を構成する全要素間の単純相関を求めた。図表７－16～19は各工程内における受注数，在庫数，受注残数と発注数との相関である[9)]。データは，７サプライチェーンの27期分のうち最初の４期を除く161（＝7×23）組を利用した。総じて，小売を除いて，受注数と受注残は，発注数と強い正の相関があることがわかる。逆に，在庫数と発注数との高い相関は認められない。発注数は意思決定変数，受注数は外乱変数，在庫数と受注残数は過去の意思決定と外乱要素の複合結果として生じるので，データの分析結果を踏まえれば，おもに受注数が発注数に大きく影響を与えていると考えら

図表7－16　小売における受注数，在庫数，受注残数と発注数との相関

変数	平均	標準偏差	相関係数	p-値	サンプル数
受注数	8	0	0	1	161
発注数	12.67702	24.89141			
変数	平均	標準偏差	相関係数	p-値	サンプル数
在庫数	2.47205	6.370893	-0.13095	0.0978	161
発注数	12.67702	24.89141			
変数	平均	標準偏差	相関係数	p-値	サンプル数
受注残	14.37888	13.08814	0.271744	0.0005	161
発注数	12.67702	24.89141			

図表7－17　卸売における受注数，在庫数，受注残数と発注数との相関

変数	平均	標準偏差	相関係数	p-値	サンプル数
受注数	12.45963	24.94569	0.787407	<.0001	161
発注数	23.62733	55.9047			
変数	平均	標準偏差	相関係数	p-値	サンプル数
在庫数	8.981366	25.43852	-0.1357	0.0861	161
発注数	23.62733	55.9047			
変数	平均	標準偏差	相関係数	p-値	サンプル数
受注残	34.85714	58.38042	0.461829	<.0001	161
発注数	23.62733	55.9047			

図表7－18　流通商社における受注数，在庫数，受注残数と発注数との相関

変数	平均	標準偏差	相関係数	p-値	サンプル数
受注数	20.90062	51.044	0.441688	<.0001	161
発注数	33.93168	87.23618			
変数	平均	標準偏差	相関係数	p-値	サンプル数
在庫数	24.83851	146.703	-0.06318	0.4259	161
発注数	33.93168	87.23618			
変数	平均	標準偏差	相関係数	p-値	サンプル数
受注残	52.73292	118.3147	0.414061	<.0001	161
発注数	33.93168	87.23618			

図表7－19　工場における受注数，在庫数，受注残数と生産要請数との相関

変数	平均	標準偏差	相関係数	p-値	サンプル数
受注数	29.96894	84.82573	0.924239	<.0001	161
生産要請	41.73913	207.2849			
変数	平均	標準偏差	相関係数	p-値	サンプル数
在庫数	61.32919	197.0931	-0.05899	0.4573	161
生産要請	41.73913	207.2849			
変数	平均	標準偏差	相関係数	p-値	サンプル数
受注残	49.98758	184.6328	0.68231	<.0001	161
生産要請	41.73913	207.2849			

れる。受注残と発注数との相関も高いが，受注残は受注数の影響も受けていることを差し引いて考える必要がある。従って，プレイヤーは受注数に大きく影響を受けて意思決定を行っている可能性が高いといえよう。

7 おわりに

本章では，ITを活用した体験型経営学教育としてビールゲームを取り上げ，その実施事例として，ビジネスゲーム開発実行システムYBGを用いた実装，

パソコンや携帯電話によるそれらの実施，エクセル用いたエージェントシミュレーションによる教育と実施結果分析などを紹介した。ITを活用することで，体験型の教育機会がますます増えることは間違いない。また学習者が自らデータを様々な角度から分析し，対象に対する深い理解を促進させるなどの効果も期待できる。一方で，オンライン版のゲームでは過度な意思決定を安易に行う傾向もみられる。これらの問題については引き続き調査を行い，IT基盤の効果的教育環境の構築に貢献したい。

[注記]

1）Greenblat（1988）は，ゲーミング・シミュレーションは，プレイヤーの意思決定がゲームのルールによって規定されている点で，ロールプレイングゲームとは異なるとしている。一部の文献では，ビールゲームをロールプレイング・シミュレーションと紹介しているものもあるが，本論ではこれにならって，ゲーミング・シミュレーションとして紹介している。

2）すなわち，行動をもたらす構造（structure creates behavior）。

3）ビールゲームの詳細は，システム・ダイナミックス学会日本支部の提供するウェブサイトで見ることができる。

4）教室内で実施する場合，声を出してはならないという制約は，教員にとって授業をコントロールしやすくする。この制約はプレイヤーにとっての緊張感を高め，心理的プレッシャーを与えるため，ゲーム中，意思決定がうまくいかないことに対するいらいらを助長するかもしれない。

5）YBGは開発開始後，YBG2.0，YBG3.0，YBG2007など数回にわたる大幅なバージョンアップを経て，現時点ではYBG2009が最新版である。

6）現行YBGでは，異なる役割を持つ複数プレイヤーから構成される企業同士が競うタイプのゲームや，異なる立場で市場に参加して競うタイプのゲームも取り扱えるようになっている。

7）JavaScriptは，おもにウェブブラウザ上で動作するスクリプト言語で，HTMLの動的な書き換えやフォームの入力補完などを可能とする。

8）横浜国立大学で，2009年10月24日に行われた社会人対象の公開講座におけるデータである。

9）分析に使用した全変数は36個である。

[参考文献]

システム・ダイナミックス学会日本支部「ビールゲーム」。
http://wwwsoc.nii.ac.jp/jsd/Beer/index.html　2010年1月10日時点。

白井宏明（2006）「経営学eラーニングの開発と実践―ビジネスゲームによるマルチユーザ型eラーニングの試行―」，北海道現代GPフォーラム，2006年6月，pp.19-20.

横浜国立大学経営学部「横浜国立大学ビジネスゲーム」。
http://www.ybg.ac.jp/　2010年1月10日時点。

ETH Zürich, "The Beer Distribution Game," Swiss Federal Institute of Technology (ETH)

Zürich.
http://www.beergame.lim.ethz.ch/　2010年1月10日時点。
Greenblat, C. S.（1988）*Designing Games and Simulations: An Illustrated Handbook*, Sage Publications.（新井潔・兼田敏之訳『ゲーミングシミュレーション作法』共立出版, 1994年）
Riemer, K. "The Beergame Portal," Department of Information Systems, Münster University. http://www.beergame.org/　2010年1月10日時点。
Shirai, H. Tanabu, M. et al.（2003）"Game Development Toolkit for Business People in Japan," *Simulation & Gaming*, 34（3）, pp. 437-446.
Sterman, J. D.（1992）"Teaching Takes Off: Flight Simulators for Management Education,"*OR/MS Today*, pp.40-44.
Sterman, J. D., "Teaching Takes Off : Flight Simulators for Management Education," Sloan School of Management, Massachusetts Institute of Technology.
http://web.mit.edu/jsterman/www/SDG/beergame.html　2010年1月10日時点。
Tanabu, M.（2004）"Implementation of Business Game Activity Support System," *Journal of Electronic Science and Technology of China*, 2（3）, pp.27-32.
Tanabu, M.（2007）"Gaming Simulation Modeling Framework in YBG," Proc. of the 7th Asian e-Business Workshop, pp.175-178.

第8章 表計算機能によるシステム構築学習
－コンピュータ会計の教材開発を通じて－

1 問題意識

情報処理教育におけるプログラミングの教育は何のために行われてきたのであろうか。科学技術計算を行う必要がある理工系学部の場合は教育，研究上の必要性からと説明がつく。社会科学系学部の場合は，プログラムに含まれるアルゴリズムを学習することが論理的思考力の養成につながると考えられる。また，かつてのCOBOLの実習などでは，将来プログラマやSEになる可能性を含めた，職業教育的な側面からも合理性が含まれていたであろう。

対象として1980年代初期までの社会科学系の学部教育におけるプログラミングを取り上げて考えてみる。Fortranのような数値計算主体のプログラミング言語の場合は，アルゴリズム教育は可能でも，社会科学系の学生に興味を抱かせるようなプログラム例が少なく，なおかつアルゴリズムそのものの理解に困難がともなった。データ処理を対象とするCOBOLであれば，比較的容易なプログラムパターンを学習していくことは可能であった。ある程度学習が進めば，ファイルの概念と実際の取り扱いも可能であり，当時のファイル－プログラムベースのアプリケーションシステムの体系を垣間見ることも可能であったかもしれない。しかし，これはある程度学習が進んだ場合であって，４単位程度の実習ではなかなかこのレベルまで進むことは難しかった。

パソコンが登場してからは，PCベースのBasicの場合は，数値計算的なプログラムも可能だし，少し慣れればファイル処理にトライすることも可能になった。ランダムファイルを設計させて実装させてみることまでできれば有効なプログラム教育といえたかもしれない。しかし，当時を考えると１人１台の体制でPC教育を行える環境は難しかった。

その後PascalやCで正しいプログラミングスタイルを学ばせる時代に移行すると同時に，プログラミング言語の環境も変化した。社会科学系の学部教育において，コンピュータリテラシ，情報リテラシのベースとして，ワープロ，表計算，Webやメールの教育が必須のものとなり，プログラミング教育は必要な学生に選択的に提供すれば良いものとなった。

現状の社会科学系の学部における教育を考えると，Cをベースとした正当的なプログラミング教育はかつてのFortranよりも難易度が高い。Visual Basic, Javaでは，従来のような論理的アルゴリズムを理解させるプログラミング教育をねらうのか，オブジェクト指向的な開発ツールの利用方法を教えるのか，教える側の態度すら明確でない場合がある。Javaの場合は，学生はホットで使えそうなイメージをいだく可能性が強い。しかし，社会科学系の学部生を前提としたプログラミング教育という意味で適切な教材開発がされているとは必ずしもいえない状態にある。

現在では新卒で企業の情報システム部に配属された場合にプログラミング教育を受けない場合も多い。このような企業ではプログラムは外注するし，情報システム部の役割はシステムの設計と管理である。情報システム部員は新しい情報技術の動向に敏感である必要はあっても，従来のプログラミング教育は不要で，新卒者をできるだけ早くSEあるいはプロジェクトを管理できる人材に育てたいということであろう。

アルゴリズムは論理的思考のトレーニングにはなるとしても，教育のパフォーマンスからいうと現状では効果的なものとはいえない。高校の情報科免許に対応したり，将来の職業人教育を前提としたりする選択的なプログラミング教育はさておき，オフィスソフト主体の情報教育の場にあってわれわれが情報教育の目的として見落としてきたものはどのようなものであろうか。

オフィスソフトは学部生の研究教育に必要であるし，将来のユーザとしての情報リテラシ教育にも必要である。次のステップとしてのプログラミング教育は現状では敷居が高く，希望する学生に対する選択的なものを用意すれば十分だと考える。

だとすれば情報リテラシ教育の延長線といえるレベルで，本来プログラミング教育がねらいとしてきたはずのシステムの理解について教育する必要があるのではないか。ここでいうシステムの理解，システムの学習とは「アプリケーションシステムとはどのようなもので，それがどのようなプロセスでつくられているのかを理解すること」を意味する。この点については，従来のプログラミング教育においてもその目的の１つであったことは間違いないものの，従来あまり強調されてこなかった。すなわちプログラムをつくる経験を積むと，おのずとシステムを理解すると考えられていた。しかし，実際のシステムは単体としてのプログラム１本で成り立つ場合は少ない。いくつか有機的につながることによってシステムを構成する場合が多い。従って，アルゴリズムを学習しながらの単体としてのプログラミング教育は，プログラムとはどのようなもので，プログラムにバグがあると何が起きるかは学習できても，複合的なシステムについては学習の延長線上に類推が可能になるであろうというものであった。

われわれの問題認識は，ここでいうシステムの理解を，情報リテラシ教育をベースにした学部教育レベルでぜひ教えたいというものである。

2 コンピュータ会計

(1) 教材開発のきっかけ

社会科学系の学部教育で「会計情報システム」や「コンピュータ会計」という名称の科目が設定されている場合，その中で市販の会計ソフトを実際に使ってみせたり，使わせたり，あるいは教員がある程度つくり込んだ会計システムを利用して，コンピュータ会計のシステムを体験させたりする場合が多いと思われる。もちろんこれによって提供されたシステムを通して，座学の理論だけよりコンピュータ会計の理解を促進することはできる。しかし，この場合の視点はあくまでも会計システムを使うユーザサイドのものであって，アプリケーションシステムをつくる側の視点からの理解の促進というわけにはいかない。

筆者の一方は従来から専修大学商学部において「コンピュータ会計」を継続的に教えている。この「コンピュータ会計」においては，コンピュータ会計上のデータの流れを表計算ソフトで再現させ，理解させる実習を行ってきた。主に会計学科の学生を対象とした科目という性格上，履修時には簿記会計と表計算機能について基礎的な素養があるということを前提として授業展開が可能であった。

もう一方の筆者は本章で説明する簿記一巡の手続きの表計算上における再現がシステム構築を体感させる学習としての可能性を持つものと強く認識し，興味を持っていた。その理由は，仕訳－元帳転記－残高集計（残高試算表）－期末処理－精算表（貸借対象表，損益計算書）の作成といった簿記一巡の手続きは，経営学部，商学部ではほとんど必修科目といってよい簿記論あるいは簿記原理などの科目で学生にとってなじみが深いし，かつその手順が１つの体系としてシステム化されているからである。

従来のプログラミング言語では，一連の流れをプログラムの組み合わせ，言い換えると一連のシステムとして実装は可能である。しかし，学生自身にシステム構築をさせるのは不可能である。表計算ソフトを使うと，その一連の流れを表現できるだけでなく，学生が理解すれば，自らの力でその流れを組み立てることが可能だと思ったのである。

そのような状況で「システムデザイン」という科目で実習を含む集中講義を担当するチャンスがめぐってきた[1)]。そこで実習用のデータを準備し，システムの理解をテーマに実際に指導することとなった。その経験も踏まえて，両名が協力してゼミ生等の協力も得ながら，前節の問題意識に答えるような一連の教材を整備することとなったのである。

（2）表計算機能の利用について

Accessのようなデータベースソフトを利用すれば，言い換えるとデータベースソフトが利用可能ならば，コンピュータ会計はもちろん簡単である。しかし，それではコンピュータ会計を教える前提として，データベースの教育が必要となる。また，表計算ソフトとしてExcelを選択しても，よりコンピュータ会計としてのリアルさを追求すると，ExcelのVBA機能やフォーム機能など情報リテラシ教育の範囲を逸脱した機能を使ってしまいがちになる。あるいは，教える立場で実習に伴う手間のかかるプロセスを考えると，事前にシステム的なものをつくり込んでしまい，それを学生に使わせてしまいがちである。

しかし，システムの理解を，情報リテラシ教育をベースにした学部教育レベルでぜひ教えたいというわれわれの問題意思からいうと，前提条件の制約は低いほどよい。また，学習の負荷を軽減し，学習目的を明確にするためにも，細かなテクニックに時間を割く必要はなく，簡潔な教育プログラムであることが優先される。

学生達にとって，情報リテラシ教育として行われるExcel実習で，IFやVLOOKUP関数などは既習と考えることができる。これらについて例題，練習問題を用いて復習をさせつつ，COUNTIFやSUMIFなどの少数のビジネス上よく使われる関数を学習させれば，簿記一巡の手続きを再現でき，システムの理解という目的を十分果たせると考えたのである。

（3）コンピュータ会計のステップ

システム理解の学習を開始するための前提として，簿記一巡の手続きについての理解を含む簿記会計の基本知識があること，かつExcelの基礎学習を受けてPC利用が可能である必要がある。ただし，実際には会計についての理解や，Excelについての理解が欠けたりする学生が混ざる場合がある。そこで学習の前提部分の復習を含んだ形でのステップをここで示すことにする。前提条件が欠ける学生の数と程度に応じて，最初の２つのステップの時間配分，内容は調整する必要がある。

1）簿記一巡の手続きの復習

簿記一巡の手続きを必要とする例題提示，手作業で仕訳帳，Ｔフォームの元帳転記，残高試算表作成

ねらい：簿記一巡の手続きを復習すると共に，これからExcelで行う作業の確認

2）Excel関数の強化

IF関数，絶対番地の利用例題，VLOOKUP関数を利用して勘定コードから勘定科目名を表検索，COUNTIFやSUMIF関数を利用して集約すべきデータの個数や合計金額を求める例題実習

ねらい：実際に必要なExcelの知識の準備

3）１か月目のデータを利用した逐次処理作業

前月末残高試算表，今月分の仕訳データを与え，Excel上で仕訳データの入力，合計残高試算表の作成，元帳データの取り扱い作業を行う。

ねらい：簿記一巡の流れを再現するExcelでの取り扱いを学習

4）次月処理への事前対応

3）に続く２か月目の仕訳データを与える。ただし，3）と同じ処理を２回繰り返すのではなく，前月の経験を参考に２か月目の処理がスムーズに進むように，どのようにExcel上で準備を行っておけばよいかを考えさせ，実際に準備させる。

ねらい：3）の 必要な処理を順次必要に応じて行う段階から，必要な処理を事前に考えさせ準備させる段階，システムづくりへのステップアップ

5）システムの体感

4）の準備後，２か月目のデータを入力させ，うまくいくかどうか確認させる。うまくいかない場合は手直しさせ，処理を完結させる。

この段階で完全にうまく処理を行える学生もいる。しかし，多くは何らかのミスを含むので，さらにもう１か月の処理を行わせる。この３か月目においては，仕訳データ入力と共に，試算表・精算表完成までスムーズにシステムが動く様子を体感させる

ねらい：システムがうまく動くことの快感，システムの体感

6）決算処理

３か月経過後に決算を迎え，必要な決算処理をExcel上で行わせ，決算処理を含んだ精算表まで作成させる。

ねらい：精算表作成を通じB/S，P/Lの復習をすると共に，決算にかかわる例外的な処理の発生，その他，会計の実践では細かい処理が必要になることを確認させる

7）市販の会計ソフトの紹介，実践的な会計システムについて解説

6）までで，システム学習に重点をおいたコンピュータ会計の主要部分は終了。ここでは市販ソフトの紹介，市販ソフトでは税務処理その他汎用ユーザを想定したシステムがつくり込まれていることを解説。AccessやExcelを利用して実践的な会計処理を行うシステムをつくる場合の注意点などを講義

ねらい：システムを体感学習した学生に本物のアプリケーションシステムがいかに細かい点まで配慮しているかを理解させると同時に，個人ビジネスの場合は自分でExcel処理を行っても認められることにもふれ，自分たちが学習してきたことがそのまま応用へつながることも強調

8）システム学習の確認

最後に3）から6）のプロセスがシステムをつくりの体験であり，より深く実際のシステムについての理解が得られるようになったことを強調

学生の前提条件の理解度，90分単位で１週間ごとの実習か，ある程度集中した実習ができるか，もちろん何をどこまで教えるのかによって，必要な時間数は変わってくる。事前の準備さえしっかりしていれば，実習室で行うゼミナールの１日集中合宿で実習部分はカバーできるかもしれない。この意味では，ここで示すコンピュータ会計のエッセンスは，通常の授業科目内で行うより，少人数のプロジェクトとして集中的に行う方が有効かもしれない。

（4）教材の体系

何をどこまでやるかによるものの，理想的な教材の体系は次のようになる。まず，簿記の事例としては３社分用意されている。

１社目：1）簿記一巡の手続き復習用と2）Excel関数の強化用
２社名：3）から6）までの実習例示用，学生実習用
３社目：3）から6）までを学生が１人で行うための演習用教材

２社目とまったく同じレベルだと学生が興味を感じないので，得意先元帳，仕入れ先元帳，当座預金の管理などを含ませ，大きな飛躍はないものの，システムをつくる楽しさを感じられるように配慮してある。

１社目の事例は「ステップ1）簿記一巡の手続きの復習」用として，簿記入門書で，仕訳帳，元帳，精算表が説明され，その一連の体系を通して実行させる例題，練習問題として示されるレベルのものがこれに該当する。ここでは簿記としての細かい仕訳の知識は必要なく，全体の体系が見通せて，ごく基本的な勘定科目が取り扱えればよい。学生全員が例えば日商簿記検定の３級レベルの知識が確実にある場合は，紙上の復習は不要である。しかし，学習はしたものの忘れている学生を含む場合が多いので，簡単な例題で仕訳，元帳への転記，精算表の作成の問題演習は，自らがこれからExcel上で行うことの確認のためにもほとんどの場合必要と考えられる。

教材としては，会社事例と１か月分の取引データだけでなく，学生が紙と鉛筆で復習するための，仕訳帳，元帳，精算表などの記入用紙，及び「ステップ2）Excel関数の強化用PC実習」用としてExcel関数を学ぶためのパターンを含むExcelファイルが用意されている。

２社目，３社目については，紙上の会社事例と３か月分の取引，Excelの仕訳データ，例示用・実習用のExcelシートが準備されたファイル，３か月分の処理が行われた処理済みのExcelファイルが用意されており，学生配布用ファイルと教員用ファイルとで構成されている。

（5）教材内容の提示

本書では紙数の関係で，１社目，３社目の事例は省略し，２社目の事例の一部，データ２か月分を使ってその概要を理解していただく。

株式会社 専大食品は，東京都千代田区神田神保町１丁目１番地に本店を置く食料品卸売業の会社である。このたびパソコンによる会計処理への移行を決定し，２月１日より実施することとなった。会計期間は４月１日から３月31日までとする。

１月末日現在の残高試算表（図表８－１），勘定科目コード（図表８－２），当座預金の状況（図表８－３）は以下の通りである。

2月，3月の取引（図表８－４）及び期末決算事項は次の通り（図表８－５）である。

図表8－1　残高試算表

平成22/1/31

借方	勘定科目	貸方
842,000	現金	
6,492,600	当座預金	
2,200,000	受取手形	
3,340,000	売掛金	
3,000,000	繰越商品	
1,500,000	備品	
5,800,000	建物	
	支払手形	700,000
	買掛金	3,280,000
	借入金	3,000,000
	資本金	10,000,000
	売上	16,533,200
	受取利息	280,000
9,730,000	仕入	
660,000	給料	
72,000	交通費	
30,000	通信費	
20,000	文房具費	
106,600	支利息割引料	
33,793,200		33,793,200

図表8－2　勘定科目コード

勘定コード	勘定科目名
100	現金
101	当座預金（みずほ銀行）
102	当座預金（三井住友銀行）
103	当座預金（東京三菱UFJ銀行）
104	当座預金
122	受取手形
124	売掛金
125	売掛金（秋田商店）
126	売掛金（福島商店）
127	売掛金（新潟商店）
132	繰越商品
200	建物
205	備品
300	支払手形
301	買掛金（博多商店）
302	買掛金（熊本商店）
303	買掛金（宮崎商店）
304	買掛金
306	借入金
350	預り金
400	資本金
600	売上
610	受取利息
611	仕入
641	給料
648	文房具費
649	修繕費
650	消耗品費
658	交通費
659	通信費
707	支払利息
900	建物減価償却費
901	備品減価償却費
910	未払費用
920	当期純利益

図表8－3　当座預金の状況

勘定科目コード	勘定科目	金額
101	当座預金（みずほ銀行）	2,000,000
102	当座預金（三井住友銀行）	2,200,000
103	当座預金（東京三菱UFJ銀行）	2,292,600
104	当座預金	6,492,600

図表8－4　2月，3月の取引

2/2	現金売上	1,540,000
3	掛売上　（秋田商店）	680,000
8	掛仕入　（博多商店）	380,000
10	福島商店より売掛金の回収　当座東京三菱へ	310,000
13	交通費の現金支払い	28,000
15	掛売上　（福島商店）	190,000
16	掛売上　（新潟商店）	250,000
18	手形で代金の回収　当座みずほへ入金	220,000
20	給料 720,000円 所得税 30､000円を預かり残額を当座三井住友から支払う	
22	切手代　　現金支払い	29,000
24	掛仕入　（熊本商店）	280,000
26	手形代金決済　当座みずほ	380,000
27	現金売上	200,000
28	掛仕入　（宮崎商店）	360,000
28	買掛金の支払い（博多商店）のため手形振出	540,000

3/2	文房具　　現金支払い	19,000
5	秋田商店からの売掛金の回収　当座三井住友へ	520,000
8	新潟商店からの売掛金の回収　当座東京三菱へ	480,000
10	消耗品の購入　当座東京三菱の小切手支払い	70,000
14	熊本商店への買掛金の支払い　当座三井住友の小切手振出	180,000
16	掛売上　（福島商店）	600,000
18	掛仕入　（宮崎商店）	680,000
20	給料 720,000円 所得税 30､000円を預かり残額を当座三井住友から支払う	
24	掛仕入　（博多商店）	390,000
24	掛売上　（秋田商店）	210,000

25	現金支払　建物修理	55,000
25	交通費	22,000
26	熊本商店への買掛金の支払い　当座東京三菱の小切手振出	250,000
29	新潟商店からの売掛金の回収　当座みずほへ	270,000
31	現金売上	210,000
31	現金支払　切手代	18,000

図表8－5　期末決算事項

①	期末棚卸高　　2,700,000
②	減価償却（直接法） 建物　定率法　耐用年数　20年　償却率　0.05 備品　定額法　耐用年数　5年　取得原価　1,500,000　残存価額　150,000
③	その他 交通費未払い　　5,000

3 システムの構築学習の中核部分

前節（3）コンピュータ会計のステップにおいて，学習のステップを示した。このなかで3）1か月目のデータを利用した逐次処理作業，4）次月処理への事前対応，5）システムの体感の部分がシステムの構築学習の中核となる。

Excelの関数の使い方についてはこのステップに入る前に学習済みで，前節で示すようにIF関数，VLOOKUP関数，SUMIF関数は扱え，勘定コードから勘定科目の検索，あるデータの中から特定のコードのデータだけ集計などについても十分身についている状態から出発したい。もちろん，学生のばらつきは常にあることで，平均的な学生がこのレベルまで達していないと，システムの体感は難しいかもしれない。基本的にはこれら限られた関数のみを有効に使いきり，Excelよりも自分が行っている会計上の処理が全体の体系の中のどの部分を占めているかの方に意識をさせる必要がある。

1か月目のデータを利用した逐次処理作業では，部分的な解説を行い，式を入れさせる作業を繰り返す。ただし，1行目はこちらの説明や板書した式の意味を考えながら入力。2行目は1行目を見ながら入力のようにしても，3行目以降は1，2行目をコピーして使う。Excelの特性をいかし，基本的には定義は1回，後はコピーを徹底していく。

図表8－6は，3）1か月目のデータを利用した逐次処理作業の仕訳部分を示す。仕訳のための入力データは太線内の日付，借方・貸方コードと金額である。これを入力すると，例えば「2/10　福島商店より売掛金の回収　当座東京三菱へ」の借方勘定科目のセルでは，上部の吹き出しに示すように，勘定科目コードのシートの該当勘定科目を，勘定科目103をキーに表検索してくる。

図の下半分は，それぞれの当座預金，売掛金，買掛金の月内の取引合計を示す。ここに示す事例では当座預金（東京三菱UFJ銀行）の借方入金は1件だけである。しかし，矢印下側の当座預金（東京三菱UFJ銀行）の残高についての吹き出し部分に示すように，取引が複数あった場合も，コード103の取引を合計するよう定義されていることがわかる。

先ほどの説明のように，理解させながら入力させ，さらにもう一度繰り返させ，あとは式のコピーを繰り返しながら，根気よく進んでいく必要がある。

最初の月の月末処理の合計試算表を作成するプロセスを図表8－7に示す。

上の吹き出しでは，図表8－6で示した仕訳2月の全仕訳取引からE11のセルに入っている100という勘定コード，すなわち現金について月中取引の合計をSUMIF関数で計算している。合計試算表借方の現金についていえば，前月合計の残高に，この月中取引高を足して，左側の合計を出している。

下の吹き出しでは，当座預金の借方月中取引高を示す。図表8－6の下部で示した101当座預金(みずほ銀行),102当座預金(三井住友銀行),103当座預金(東京三菱UFJ銀行）の3つの銀行の合計である104当座預金の借方金額が，上の吹き出しで示されたSUMIF関数式とE11がE14に変えられただけで算出されていることに注意。すなわち，図表8－6の下部で，当座預金，売掛金，買掛金は，1か月分の仕訳データ下部に当座預金出納帳，得意先元帳，仕入れ先元帳のように表示されている。しかし，この部分は月末の合計残高試算表をできるだけ簡単に作成できるようにした仕掛けで，それぞれの合計額である当座預金，売掛金，買掛金が1月分の取引については，通常の仕訳の金額と，その仕訳セルで示す勘定科目の合計として示される。

図表８－６　2月の仕訳取引

=VLOOKUP(B8,勘定科目コード!$A$1:$B$36,2,FALSE)

2月仕訳

日付	借方	勘定科目名	金額	貸方	勘定科目名	金額
2/1	100	現金	1,540,000	600	売上	1,540,000
2/3	125	売掛金（秋田商店）	680,000	600	売上	680,000
2/8	611	仕入	380,000	301	買掛金（博多商店）	380,000
2/10	103	当座預金（東京三菱UFJ銀行）	310,000	126	売掛金（福島商店）	310,000
2/13	658	交通費	28,000	100	現金	28,000
2/15	126	売掛金（福島商店）	190,000	600	売上	190,000
2/16	127	売掛金（新潟商店）	250,000	600	売上	250,000
2/18	101	当座預金（みずほ銀行）	220,000	122	受取手形	220,000
2/20	641	給料	720,000	350	預り金	30,000
				102	当座預金（三井住友銀行）	690,000
2/22	659	通信費	29,000	100	現金	29,000
2/24	611	仕入	280,000	302	買掛金（熊本商店）	280,000
2/26	300	支払手形	380,000	101	当座預金（みずほ銀行）	380,000
2/27	100	現金	200,000	600	売上	200,000
2/28	611	仕入	360,000	303	買掛金（宮崎商店）	360,000
2/28	301	買掛金（博多商店）	540,000	300	支払手形	540,000

=SUMIF($B$8:$D$23,B30,$D$8:$D$23)

借方	勘定科目名	金額	貸方	勘定科目名	金額
101	当座預金（みずほ銀行）	220,000	101	当座預金（みずほ銀行）	380,000
102	当座預金（三井住友銀行）	0	102	当座預金（三井住友銀行）	690,000
103	当座預金（東京三菱UFJ銀行）	310,000	103	当座預金（東京三菱UFJ銀行）	
104	当座預金	530,000	104	当座預金	1,070,000
125	売掛金（秋田商店）	680,000	125	売掛金（秋田商店）	0
126	売掛金（福島商店）	190,000	126	売掛金（福島商店）	310,000
127	売掛金（新潟商店）	250,000	127	売掛金（新潟商店）	0
124	売掛金	1,120,000	124	売掛金	310,000
301	買掛金（博多商店）	540,000	301	買掛金（博多商店）	380,000
302	買掛金（熊本商店）	0	302	買掛金（熊本商店）	280,000
303	買掛金（宮崎商店）	0	303	買掛金（宮崎商店）	360,000
304	買掛金	540,000	304	買掛金	1,020,000

図表8－7　合計試算表を作成するプロセス

=SUMIF('2月の仕訳'!$B$8:$D$39,E11,'2月の仕訳'!$D$8:$D$39)

合計試算表

借方			勘定コード	勘定科目名	貸方		
合計	月中取引高	前月合計			前月合計	月中取引高	合計
2,582,000	1,740,000	842,000	100	現金	0	57,000	57,000
7,022,600	530,000	6,492,600	104	当座預金	0	1,070,000	1,070,000
2,200,000	0	2,200,000	122	受取手形	0	220,000	220,000
4,460,000	1,120,000	3,340,000	124	売掛金	0	310,000	310,000
3,000,000	0	3,000,000	132	繰越商品	0	0	0
1,500,000	0	1,500,000	200	建物	0	0	0
5,800,000	0	5,800,000	205	備品	0	0	0
380,000	380,000	0	300	支払手形	700,000	540,000	1,240,000
540,000	540,000	0	304	買掛金	3,280,000	1,020,000	4,300,000
0	0	0	306	借入金	3,000,000	0	3,000,000
0	0	0	350	預り金	0	30,000	30,000
0	0	0	400	資本金	10,000,000	0	10,000,000
0	0	0	600	売上	16,533,200	2,860,000	19,393,200
0	0	0	610	受取利息	280,000	0	280,000
10,750,000	1,020,000	9,730,000	611	仕入	0	0	0
1,380,000	720,000	660,000	641	給料	0	0	0
20,000	0	20,000	648	文房具費	0	0	0
0	0	0	649	修繕費	0	0	0
0	0	0	650	消耗品費	0	0	0
100,000	28,000	72,000	658	交通費	0	0	0
59,000	29,000	30,000	659	通信費	0	0	0
106,600	0	106,600	707	支払利息	0	0	0
39,900,200	6,107,000	33,793,200			33,793,200	6,107,000	39,900,200

=SUMIF('2月の仕訳'!$B$8:$D$39,E14,'2月の仕訳'!$D$8:$D$39)

図表８－７では，０を示す項目が多い。これは，理解しながら入力，もう一度繰り返し，あとはコピーを繰り返しているため，すべてのセルに式が入っているからである。値が０の場合は空白表示，数値を持っている場合だけ表示を

IF関数で表すのはもちろん難しくない。しかし，この段階では本質に関係ない部分はできるだけシンプルに表し，コピーした式を使っているから0が表示されている，式の存在を目で見てとらえていることにすべきである。

図表８－７では，月中取引高を挟んだ形で合計試算表が作成された。このデータを使って，もう一度合計残高試算表あるいは残高試算表を学生につくらせたりするのも，学生に自分の行っているプロセスを理解させ，Excel処理により習熟させるのに役立つ。ここまでで１か月目のデータを利用した逐次処理作業は終了する。

次月処理への事前対応のために新しいシートに当月の仕訳シートのデータをコピーし，次の月の仕訳データを入力できるように準備させる。次の月の仕訳データ量は事前には把握できないはずだから，100件分のデータ入力が可能なスペースを確保して，入力部分を空白にする。入力データを削除すると，当然そのデータを受けて実行する式の部分はデータがないためにエラー表示となる。

図表８－８は，このように準備したシートに３月の最初の２件のデータを入力した状態を示す。ただし，表示のため仕訳スペースは大きく取っていない。勘定科目名の［＃N/A］は，VLOOKUP関数が定義され，その引数が空白のためエラーを返している。

次月処理への事前対応は仕訳シートだけではない。図表８－７も別シートにコピーされ，前月の合計は，2月の残高試算表からデータを参照するようにし，月中取引は準備された仕訳シートの範囲を検索するように変えていく。このような０と＃N/Aだらけのシートを用意させ，いよいよシステムの体感のために２か月目のデータを入力させる。ここでは学生達に個別に仕訳をさせることもできる。ただし，仕訳を間違えるとそれから先の数値が違ってくるので，あらかじめ用意した仕訳データを与え，日付，借方コード，借方金額，貸方コード，貸方金額ごとにまとめてコピーさせても良い。

うまくいけば入力した部分のデータがきれいに表示されるだけでなく，合計試算表のページも自動的にできあがる。この快感を１回目に味わえればそれはそれでよい。筆者らが実際に体感を目的にこの部分を実習で行った経験からいうと，かなりの確率でうまくいかない学生が出てくる。そのため，少なくとも実習用のセットとしてはもう１か月分のデータをあらかじめ準備しておく必要

図表8－8　準備された仕訳シートにデータ入力

3月仕訳

日付	借方	勘定科目名	金額	貸方	勘定科目名	金額
3/2	648	文房具費	19,000	100	現金	19,000
3/5	102	当座預金（三井住友銀行）	520,000	125	売掛金（秋田商店）	520,000
		#N/A			#N/A	
		#N/A			#N/A	
		#N/A			#N/A	
		#N/A			#N/A	
		#N/A			#N/A	
		#N/A			#N/A	
		#N/A			#N/A	
		#N/A			#N/A	
		#N/A			#N/A	
		#N/A			#N/A	
		#N/A			#N/A	
		#N/A			#N/A	
		#N/A			#N/A	
		#N/A			#N/A	
		#N/A			#N/A	

=VLOOKUP(E15,勘定科目コード!$A$1:$B$36,2,FALSE)

借方	勘定科目名	金額	貸方	勘定科目名	金額
101	当座預金（みずほ銀行）	0	101	当座預金（みずほ銀行）	0
102	当座預金（三井住友銀行）	520,000	102	当座預金（三井住友銀行）	0
103	当座預金（東京三菱UFJ銀行）	0	103	当座預金（東京三菱UFJ銀行）	0
104	当座預金	520,000	104	当座預金	0
125	売掛金（秋田商店）	0	125	売掛金（秋田商店）	520,000
126	売掛金（福島商店	0	126	売掛金（福島商店）	0
127	売掛金（新潟商店）	0	127	売掛金（新潟商店）	0
124	売掛金	0	124	売掛金	520,000
301	買掛金（博多商店）	0	301	買掛金（博多商店）	0
302	買掛金（熊本商店）	0	302	買掛金（熊本商店）	0
303	買掛金（宮崎商店）	0	303	買掛金（宮崎商店）	0
304	買掛金	0	304	買掛金	0

がある。ただし，同じ準備を繰りかえさせると大変なので，３か月分のデータセットと３か月分の仕訳データ，合計試算表シートをあらかじめ用意し，３か月目のシートについては，あらかじめ正しい準備を終えておいて，データを入れさえすれば正しく動く状態にしてあるファイルを学生に与えて，実習を行っても良い。

１月目逐次処理，２月目段取りを準備しシステムの体感，３月目はデータを入れれば良い状態で実習を行った場合，２月目で失敗しても，成功を味わえるのが１つのメリット。それに加えて，３か月分を通して決算処理へもスムーズにつなげることができる。

前節（3）コンピュータ会計のステップの6）決算処理では，決算処理を加えることによって，簿記会計としての本当らしさを追加すると共に，これまでの処理を振り返らせ，１月ごとのデータが蓄積され，期末の決算へつながる会計システムの一連の流れをより実感させることができる。

このレベルまで来れば，これまでの処理をより見た目がきれいにするにはどうしたらよいかとか，実際のシステムではユーザは想定された通り動かないので，ユーザが誤操作をすることを前提としたシステムづくりはどうしたらよいかなどの，システム構築にあたってのつくる側の配慮の問題を取り扱うことも可能である。

4 おわりに

問題意識で指摘したシステムの理解を現在の社会科学系学部のカリキュラムのなかで促進することは難しい。情報リテラシ教育をベースにした学部教育レベルで教えようとするとき，本章で示した「コンピュータ会計[2)]」の体系は非常に効果的でかつ有効なものであると考えている。もちろんワープロや表計算を利用しているオフィスユーザにとっても，同様の理解は十分な価値を持つ。

なぜならここで取り上げた内容はExcelの限定的な機能だけを利用して，稚拙ではあっても簿記一巡の流れを表計算上で再現させる仕組みを自分で用意し，実際にそれが動くことを確認可能だからである。正しい準備，すなわち正しいシステムが用意できなければ，エラーが発生する。そのエラーの発生の体感も含めて，現実にはブラックボックス化している様々なシステムとは原理的にどのようなものなのか，プログラムやシステムのバグとはどのようなものなのか，システムとしての要件を満足させるためにはどのような注意を払って進めなければいけないかを学習することができる。

われわれはこのような視点をもって従来利用してきたコンピュータ会計の教材を，システム学習の側面を強調した視点から新たにつくり直して体系化した。ここでのコンピュータ会計の表計算教材そのものには必ずしも目新しさはないかもしれない。しかし，システム学習を強調するための，教育のノウハウを含めた体系としては十分意味を持つものであると考える。

このシステム学習の体験後ならば，いろいろな側面で展開が可能である。Excelの機能を学んで本格的な会計実践を行うために，より高機能な会計システムを自らつくり込んでいく，あるいはAccessなどのデータベースを利用する場合にも，システムの基本を理解しているメリットは大きいはずである。

逆にExcelなどで手をかけてつくり込まれ，より洗練された形になった会計システムを見ると，素朴なシステムからその状態に仕上げるまでの大変さが想像できる。市販の会計ソフトを利用する場合は，単にその高機能さ，詳細さに驚くだけでなく，たとえ中身がブラックボックスであっても，その構造の基本は同じだと理解できるであろう。

ここでの学習は，システム設計やシステム構築に関する科目において，テキストでは実感が伝わりにくい実践上の問題点についても理解の道がひらかれる。実践的なシステムにおけるユーザ満足のための様々な準備や仕掛け，システムとして必要なつくり込みの部分は，自らの経験を通してより深く理解できる。また，システム設計の実習として組み込むことも可能である。Excelで表現できることに限定されるのでおのずと限界はあるものの，可能な範囲で会計システムの仕様を自ら決め，それにそった処理システムをつくらせることも不可能ではない。同じことを他のプログラムやツールを使おうとすると，プログラムやツールの使い方習得の段階で時間を使い切ってしまうだろう。

本章で示したシステム構築学習は，簿記会計の知識，Excelの力がある水準まで確保されれば，それほど難しい実習ではない。しかし，できれば前節で示した中核となる部分では３時間程度の集中した実習時間の確保が好ましい。90

分で分断された実習の場合は，１月目の逐次処理で終えてしまうと，次の回にいきなり２月目のための準備を整えよと指示しても，学生がとまどうことになるだろう。学生の実習の進行もばらばらだとすると，進捗状況を把握しながら，一斉にシステムを体感させる２月目のデータ入力のタイミングをそろえるのは難しい。

しかし，プログラミングを教えずに，コンピュータのシステムがどのようなものか，システムとシステムが連動して動く様を感じさせ，ちょっとしたミスで全体がうまくいかなくなる感覚を含め，システム構築の一連のステップを体感させるには非常に良い題材であると考えている。

もちろん，全体が一気にうまく動いたという快感を与えてやり，こちらの意図をストレートに学生に伝えるためには，教員側のエネルギーもかなり要求される。コンピュータ会計を毎期継続的に教える立場からいうと，本章で示したステップを１，２回で集中してやるよりも，例題や練習問題のExcelシートとして用意し，これを使ってもう少し時間をかけて実習していく方が楽だといえる。システムの体感は無理でも，仕組みを正確に理解させることは可能だからである。

実習室でゼミの集中演習，この形態が一番マッチしているのかもしれない。いずれにせよ，多くのシステムの中で生きているわれわれにとって，システム構築を学ぶことの有用性は論をまたない。

[注記]

1）2002年度と2003年度に行った愛知淑徳大学コミュニケーション学部「システムデザインⅡ」。ここでは簿記会計と表計算ソフトの利用についてそれぞれ２単位程度の学習経験の学生を対象としたため，集中講義２単位の中で，簿記一巡の手続きの復習，机上での問題演習，表計算ソフトについての実習と本章で説明する内容を実施する準備段階に半分近くの時間をさいた。

2）専修大学商学部における「コンピュータ会計」（２単位科目）の内容が本章で説明する内容に限定されないことに注意。情報リテラシについて４単位の実習，簿記論などについても４単位以上の学習を済ませている学生を前提とするため，本章の内容が大きな柱となり，この部分にかなりの時間を費やしているとしても，あくまでコンピュータ会計の一部を構成しているにすぎない。注１）参照。

【執筆者一覧】

内野 明（うちの　あきら）……………………第１章，第８章，著者代表
専修大学商学部教授

髙橋 裕（たかはし　ゆたか）……………………第２章
専修大学商学部教授

小島喜一郎（こじま　きいちろう）……………第３章
専修大学兼任講師

白井宏明（しらい　ひろあき）…………………第４章
横浜国立大学経営学部教授

白田由香利（しろた　ゆかり）…………………第５章
学習院大学経済学部教授

高萩栄一郎（たかはぎ　えいいちろう）………第６章
専修大学商学部教授

田名部元成（たなぶ　もとなり）………………第７章
横浜国立大学経営学部准教授

小島崇弘（こじま　たかひろ）…………………第８章
専修大学商学部教授

■ ビジネスインテリジェンスを育む教育
■ 発行日——2010年3月31日　初版発行　〈検印省略〉

■ 著者代表—内野　明
■ 発行者——大矢栄一郎
■ 発行所——株式会社　白桃書房
〒101-0021　東京都千代田区外神田5-1-15
☎03-3836-4781　FAX 03-3836-9370　振替00100-4-20192
http://www.hakutou.co.jp/

■ 印刷・製本——藤原印刷
 ISBN 978-4-561-26534-4 C3334